古典文獻研究輯刊

三八編

潘美月・杜潔祥 主編

第 2 冊

碩堂輯佚札叢續編

何廣棪 著

國家圖書館出版品預行編目資料

碩堂輯佚札叢續編／何廣棪 著 -- 初版 -- 新北市：花木蘭文
化事業有限公司，2024〔民 113〕
序 6+ 目 2+160 面；19×26 公分
（古典文獻研究輯刊 三八編；第 2 冊）
ISBN 978-626-344-705-9（精裝）
1.CST：中國文學 2.CST：文集
011.08   112022569

ISBN-978-626-344-705-9

9 786263 447059

古典文獻研究輯刊
三八編 第 二 冊   ISBN：978-626-344-705-9

碩堂輯佚札叢續編

作　　者　何廣棪
主　　編　潘美月、杜潔祥
總 編 輯　杜潔祥
副總編輯　楊嘉樂
編輯主任　許郁翎
編　　輯　潘玟靜、蔡正宣　美術編輯　陳逸婷
出　　版　花木蘭文化事業有限公司
發 行 人　高小娟
聯絡地址　235 新北市中和區中安街七二號十三樓
　　　　　電話：02-2923-1455／傳真：02-2923-1452
網　　址　http://www.huamulan.tw 信箱 service@huamulans.com
印　　刷　普羅文化出版廣告事業
初　　版　2024 年 3 月
定　　價　三八編 60 冊（精裝）新台幣 156,000 元

版權所有 · 請勿翻印

碩堂輯佚札叢續編

何廣棪 著

作者簡介

何廣棪，字碩堂，號弘齋。廣東省鶴山縣人。早歲畢業香港新亞研究所，獲文學博士學位。絡繹任教珠海學院、清華學院、遠東學院、樹仁大學幾廿載。一九九三年東渡臺灣，受聘華梵大學東方人文思想研究所。初任教授，後兼所長。除授課多門外，另指導研究生撰作博、碩士論文，通過而獲學位者近百人。

在臺期間，榮獲中華民國教育部頒發「教授證書」；行政院頒發「教授任職滿二十年服務成績優良，依獎章條例之規定，特頒給二等服務獎章」；又以《陳振孫之經學及其〈直齋書錄解題〉經錄考證》一書參賽，榮獲中華文化復興總會頒發「一九九九年度中正文化獎」。

二零零九年八月，年近古稀，依例榮休返回香江，惟仍服務母校新亞研究所。一度出任教務長與《新亞學報》編輯委員。未幾又被香港大學饒宗頤學術館敦聘為「榮譽研究員」，以迄於茲。

平素勤於治學與著述，出版著作主要有《宋詞賞心錄校評》、《李清照研究》、《李易安集繫年校箋》、《李清照改嫁問題資料彙編》、《陳振孫研究六種合編》、《碩堂文存》一至六編、《何廣棪論學雜著》、《何廣棪論學雜著續編》、《碩堂輯佚札叢》等，現又梓行《碩堂輯佚札叢續編》，凡收相關論文卅篇。

何教授研究陳振孫凡廿八年，著成專書六種，六百一十餘萬言；鑽研甚富，多所創穫，論其業績，庶可凌駕陳樂素、喬衍琯二老輩而上之，曷勝榮藉。

提　　要

我國歷史悠久，學人著作富贍。然書有五厄，多遭散佚，殊可惋也！斯固有待後人不斷輯佚，方謀其重現。

學術研究成果，常有待新資料之獲得，輯佚亦蒐求新資料一法也。本書撰人何廣棪教授夙好輯佚，三年前曾將其歷年就輯佚所得資料，用以研成新成果，選取其中卅二篇論文，結集為《碩堂輯佚札叢》。其書編理之次序，一遵佚文撰人年齒長幼安排，計有陳振孫、范濱、勞乃宣、簡朝亮、葉德輝、黃克強、梁啟超、陳垣、葉恭綽、楊樹達、錢玄同、陳寅恪、董作賓、錢穆、傅斯年、李滄萍、俞平伯、羅香林、曉雲法師、張舜徽諸位，下及余少颿、阮廷焯之蒐輯近代粵佚詞，近年又一依前法，輯得佚著三十篇，分別為陳振孫、黃丕烈、黃堯圃、何焯、楊守敬、葉德輝、陳垣、陳寅恪、王伯祥、劉復、錢穆、李璜、俞平伯、王韶生、涂公遂、羅香林等所撰。以上諸位學者皆學術界魁楚也。

就前所述，吾人既深悉學術研究有待新資料之發現，始可作新研究；而有新研究，方有新成果。本書撰人學問淵贍，博涉多通，就此可推知本書既經撰人精心撰就，則其公之於世，必對學術研究有卓新之貢獻。治學諸君望垂注焉。

自 序

　　余自上世紀一九八九年以迄本世紀二〇一六年，凡二十七載，頗花心力研治南宋文獻學家陳振孫之生平，及考證其力作《直齋書錄解題》。其後絡繹撰文，集結成書，合編為六種，凡 17 冊，承臺灣花木蘭文化事業有限公司允予出版。嗣是研治陳振孫與其著書之工作告一段落，轉而關注對古今名家著作之輯佚，研治有得，則撰而成文，發表於學報、期刊。二〇二〇年九月，乃將撰成之三十二篇研究成果，輯成《碩堂輯佚札叢》（以下簡稱「《札叢》」），敬請龔鵬程教授題耑，而《札叢》仍乞花木蘭文化事業有限公司代為出版。

　　《札叢》版行後，三年以還，新冠病疫症橫行，香港亦飽受其禍。余除外出授課，其餘日子多留家讀書，撰著。近日檢點年來發表有關輯佚之論文，不意竟亦達三十篇。余乃照前此《札叢》編理之法，一依撰人年齒長幼次序排比。所得名家佚文，計為：陳振孫一篇、黃丕烈一篇，贋稱黃丕烈、何焯所撰者各一篇、楊守敬一篇、葉德輝一篇、陳垣一篇、陳寅恪二篇、王伯祥一篇、劉復一篇、錢穆七篇、李瑝二篇、俞平伯四篇、王韶生二篇、涂公遂四篇、羅香林二篇。加以余為本書所撰自序，則合共三十一篇。

　　以下乃就本書佚文編排次序，對各篇略撰解題，以作介紹：

　　第一篇乃〈陳振孫《直齋書錄解題》舊鈔本七種之考述及日本抄本《解題》之輯佚〉　本文除詳考《解題》舊鈔本七種外，尤關注日本抄本《解題》之輯佚。日本抄本《解題》原本，現藏北京師範大學圖書館，惟當代治《解題》之學者似均對此日本抄本未加詳悉，用特揭示日本抄本蹤跡，以備國內外學人依其行蹤探奧，借閱其書，並設法影印，公之於世，俾愛好此書之讀者得以參閱。

第二篇乃《《黃丕烈藏書題跋集》佚文一篇》 上指之佚文即指黃氏所撰〈《宋刻監本纂圖重言重意互注點校毛詩》題跋〉，撰成於嘉慶十六年（1810），原件後歸周叔弢先生自莊嚴堪珍藏，現歸中國國家圖書館。二〇一三年八月，上海古籍出版社刊行《黃丕烈藏書題跋集》，未嘗查檢二〇一〇年九月出版《自莊嚴堪善本書影》，失之眉睫，遂由余檢得以補上海古籍出版社刊本之脫漏，並使佚文得以饗變之讀者。

第三篇乃〈贗稱黃丕烈、何焯撰之兩篇題跋考〉 余前購得中西書局二〇二〇年四月版《英國劍橋李約瑟研究所東亞科學史圖書館漢籍善本圖目》，其書頁「096」，所著錄「儒兵農家類·413〈橘錄〉三卷，宋韓彥直撰」條，下有注曰：「書賈偽撰宋本，書末何焯、黃丕烈題跋及相關藏書印亦皆偽，參見錢存訓教授文，以求其解」余遂參考錢教授之文，深加考究，乃證成所謂黃、何二氏〈橘錄跋〉，皆書賈號芸洲者所贗撰。

第四篇乃〈清末民初著名藏書家楊守敬佚文一篇略述〉 本篇所指之佚文，乃楊守敬撰〈《監本纂圖重言重意互注禮記》跋〉，原跋影本乃余檢自姜尋先生主編《中國拍賣古籍文獻目錄》首冊者，實一篇節文。考楊氏撰與此同名之文章前後二篇，其一撰於清咸豐四年甲寅（1854）閏五月七日，全文收見《日本訪書志續補》；其二撰於同年五月十三日，較前者略後六天，即姜尋先生收入《中國拍賣古籍文獻目錄》首冊者，乃一篇節文。而拙文則斟酌楊氏先後兩篇，加以損益而為略述者。

第五篇乃〈葉德輝之一幀墨寶〉 葉氏墨寶所跋者，乃就《李義山文集箋注》十卷康熙戊子徐氏刻本以成文，跋文原件即黏貼《李義山文集錢注》原書扉頁上。葉氏盛讚此刻本，以為「崑山徐氏刻書之精，當時甲於天下，此印本雖稍後，而字畫完整，使讀者能爽心豁目；注文亦詳簡有法，不隔斷文意；讀本中當推此為第一矣！」洵為有得之言。

第六篇乃〈《陳垣來往書信集》增訂本拾遺第三通〉 余於陳垣教授書函拾遺，前得其〈致王樹聲書〉與〈致李濟書〉，上述二函後均收入《碩堂輯佚札叢》。茲為第三通，乃致周筆祥者。垣老函中考及茆濱為博羅人，非潮陽人。有關筆祥行履，拙文搜集資料頗富，可參考。

第七篇乃〈陳寅恪教授致馬士良佚函一通〉 有關寅老佚函，余前搜得其〈致劉祖霞〉一通，附見拙著《陳寅恪遺詩述釋》，今又得此通，載見中國嘉德二〇一二年首場拍賣資料之「古籍專場·書札類」，其中收有陳寅恪〈致馬士

良函〉，讀之應悉寅老暮年遭際，可用以增補寅老年譜資料，讀之令人隕涕。

　　第八篇乃〈陳寅恪教授另一佚文考述〉　此文乃載寅老所撰〈敦煌本《太公家教》書後〉，屬敦煌學研治之著作，寅老生前未嘗發表於期刊、學報、僅收入民國初年清華大學派發予學生之講義《敦煌小說選讀》中，原由學生畢樹棠舊藏，近張新朋託友人胡文輝於北京孔夫子舊書網購得，事後張氏乃撰成〈陳寅恪佚文《敦煌本〈太公家教〉書後》考釋〉，以記其事，而張氏固甚有貢獻於學壇也。

　　第九篇乃〈王伯祥致葉聖陶書札一通考〉　伯祥先生學殖富贍，著作等身，其所編《二十五史補編》一書，細讀後尤令人拳拳服膺，欽佩不已。王、葉二老，早歲相交，情誼至厚。此函追述葉翁以揚州語音唱板橋漁、樵、耕、讀四道情往事，其事已隔今近五十年，惟王翁仍念念不忘，誠難能也。

　　第十篇乃〈劉復教授之一通佚文〉　所撰者為〈褚遂良《大唐三藏聖教序》題跋〉，原件影本見《朵雲軒二〇壹柒春季藝術品拍賣會・古籍碑版專場》圖錄。劉氏題跋於民國二十一年（1932）二月，內容道及褚遂良宦歷，書學師承與成就，並評〈聖教序〉，譽其序為「如美人嬋娟，不勝羅綺」；又如「孤蠶吐絲，文章俱在」。評語能突出褚氏書學要點，洵為知言

　　第十一篇乃〈《錢賓四先生全集》佚文又一篇〉　此篇所載為錢老撰之〈楊樹達《論語疏證》評審意見〉，前此余已輯得錢老所撰〈李榕階著《論語孔門言行錄》序〉，故此文謂「又一篇」。前文已見收於拙著《碩堂輯佚札叢》，有意查閱者可檢索。錢老評審楊老《論語疏證》，用語似過嚴，評分又偏低，余不憑也。

　　第十二篇乃〈《錢賓四先生全集》佚文第三篇〉　所載者為錢老撰之〈徐復《後讀書雜誌》評審意見〉。文中於徐書多所褒譽，皆確鑿可信。有關徐教授行誼，詳知者鮮。余特增補資料二條於拙文，以備讀者知人論世。

　　第十三篇乃〈《錢賓四先生全集》佚文第四篇〉　所載乃錢老撰之〈馬紹伯《孟子學說的新評價》評審意見〉。錢老評馬書曰：「本書援據《孟子》，針對現狀，平實淺顯而實有見地，堪作一般讀物之用，應予以第三等之獎勵。」言簡意賅，評價允恰。有關馬氏生平，當代所編各種人名大辭典均未見其目，讀者難以知人論世。余特於《禹貢》半月刊1936年9月第六卷、第一期檢出繆鉞教授撰〈馬紹伯墓志銘〉，資料翔實，特移錄之，以備讀者參考。

　　第十四篇乃〈《錢賓四先生全集》佚文第五篇〉　所載乃錢老撰之〈李蓴

《孟子改制述要》評審意見〉。錢老以為撰者已身處民國，時移事易，託古改制之理論已失其存在之必要，而李氏猶據之以論《孟子》，此真可謂不識時務，故評價不高。有關李氏生平，當代所編各種人名大辭典亦未載，拙文補得資料一條，以備讀者參酌。

第十五篇乃《錢賓四先生全集》佚文第六篇〉 所載乃錢老撰之〈莫可非《稊稗集》序〉。莫氏於 1959 至 1962 年間任教新亞書院，《稊稗集》乃其時所撰。惟錢老評莫氏文，以為「言富而辭約，和平而澹雅，惟於古人文德之所戒，書中蓋無犯焉，故樂而為之序。」莫氏生平，亦人鮮詳悉，拙文特錄鄺健行教授所撰〈莫可非先生〉一文，以資讀者參閱。

第十六篇乃《錢賓四先生全集》佚文第七篇〉 所載乃錢老撰之〈題羅錦堂畫蝴蝶四幅〉。錢老題羅氏之畫，殆與莊周夢蝴蝶相勾連，並謂羅氏之志亦蝴蝶之志也。羅氏乃中華民國第一位文學博士，後赴美國檀香山，任教夏威夷大學逾三十年，以迄退休。

第十七篇乃《錢賓四先生全集》佚文第八篇〉 所載乃錢老撰之《孔誕講述孔子學說》。全文所說凡五點，一、人格上的老師，二、畢生致力於學，三、仁道本於忠恕，四、孔子并無教條，五、國人應讀《論語》。五點一脈相承，寫來既精要，又深人，吾人細意讀後，當得甚多啟發與教訓。

第十八篇乃〈永懷李璜（幼椿）教授並記所賜序文〉，及第十九篇《永懷李璜（幼椿）教授一並記其為余所撰之一篇序文〉 兩篇內容皆談及本人追隨幼椿師遊，及其為拙著《陳寅恪先生著述目錄編年》撰序。惟前者蒐集圖片資料較富贍，乃刊見於伍仟年 Chinese-Heritage 線上博物館；後者原載《國文天地》第 38 卷第 8 期，2023 年 1 月。

第二十篇乃〈俞平伯教授致馬士良佚函二通考述〉 平伯教授，晚清俞樾（曲園）之曾孫，俞陛雲之子，陳寅恪教授之得意弟子，既是名祖、名父、名師之後，又以紅學專家，蜚聲當代，殊難得也。馬士良亦名祖之後，乃馬紹英第三孫。紹英為光緒時被派出洋考察五大臣之一，撰有《紹英日記》。其書對研治晚清史事甚有參考價值，士良曾整理之。平伯函第一通，內容屬好友閒談往事，既推譽士良保存文獻之功，又說及「夏老詩」、「花之寺」、「廣和居」諸事，所言雖屬瑣屑，而從中固可推知俞、馬二老情誼之篤厚。

第二十一篇乃〈俞平伯教授致馬士良佚函第三通考述〉 函中道及「臥疾」、「贈芝草」、「示大作」、「假書籍」、「鐫貽小印」，仍均屬閒話家常，並見

二老友情之厚深。

　　第二十二篇乃〈俞平伯教授致馬士良佚函第四通考述〉　此函收有俞老「六句體律詩」一首，其詩云：「諸葛周郎合一身，羅家演義又翻新。鞠躬盡瘁輿評確，如飲醇醪昔喻真。留得鄧林佳氣在，雲雷五變接班人。」此詩六句皆用典，余於推介之文，均試予闡釋之。

　　第二十三篇乃〈俞平伯教授致馬士良佚函第五通考述〉　其函分二部分，第一部分有葉聖陶來詩七言絕句一首，乃詠栽於家中荷澤牡丹之美，遠勝公園眾花；次首為平伯答和之詩，記一甲子前與馬士良杭滬初相識，與今相比，因「朱郎傳騰晚」，故其感受似略遜於前。

　　第二十四篇乃〈王韶生教授之一篇佚文〉　此佚文乃韶生師為拙著〈《漢賦與楚文學之關係》序〉，其時余就讀珠海文史研究所碩士班，出席學術研討會。拙文後被收人「珠海書院中國文學、歷史研究所叢刊」，由羅香林所長署耑，倩韶生師賜序，序未被編人韶生師諸論文集中，固佚文也。特撰此篇以記其事，並收錄韶生師所撰之序。

　　第二十五篇乃〈王韶生教授佚文第二篇考述〉　乃記韶生師為拙著《李清照研究》碩士論文所撰序。其序對南宋以迄民國易安居士著述之研究，按時代次序舉例評述，並論其得失。於拙著之成績則多所激勵，恩師培育愛徒之心意，於斯可見。

　　第二十六篇乃〈涂公遂教投逸文三篇考述〉　涂教授亦為本人恩師、曾對拙著《讀書管窺》、《宋詞賞心錄校評》、《李易安集繫年校箋》三書先後賜序，惜未收人其暮年所著《艾盧文史論述》中，固佚文也。用特撰文介紹，俾師之著作得以傳世。

　　第二十七篇乃〈涂公遂教授佚文第四篇〉　此佚文乃公遂師為其尊翁涂同軌先生《孕雲盦詩》所撰跋語，以誌哀思。《孕雲盦詩》撰於晚清，深受詩人邵瑞彭先生推譽，以為「其為詩也，才美而筆妙，性篤而語真，上頖八代，出入唐宋，奄有西崑、江湖之長，而其託興淵微，發言潭邃，則又脗合歐、王、雙井諸家，變通而神明之」。瑞彭先生所評，信不誣也。

　　第二十八篇乃〈涂公遂教授佚文第五篇〉　佚文乃公遂師所撰之〈《郭亦園先生詩集》序〉。涂序推譽郭詩「辭采清新，意境沈鬱，而於舉目時艱，運遭否塞之際，用以抒其憂鬱，洩其積憤，且能一正世之視聽，判別是非，則其詩之成就，固是接續風雅遺音，上承〈離騷〉，蓋其有功於世教，亦可知之

矣」！所語褒礜雖隆，似均未逾其實。

　　第二十九篇乃〈涂公逯教授佚文第六篇〉　涂師旅遊美、加，寄余郵簡，內容既述遊踪，又詢及其尊翁《孕雲盦詩》付印情狀，與拙著《李易安集繫年校箋》已否印竣？情辭甚切，感人至深。足證涂師修養深厚，其關心親友情事，非常人所及。

　　第三十篇乃〈《羅香林論學書札》佚函之五、六〉　前時，余曾就《羅香林論學書札》以輯佚，已得佚函四通，即〈李滄萍《與羅香林書》〉、〈朱自清《與羅香林書》〉、〈羅香林來書〉、〈朱希祖《致羅香林書》〉，均收入《碩堂輯佚札叢》。茲又得〈羅香林《致錢思亮書》〉，與〈錢思亮《復羅香林書》〉，皆《羅香林論學書札》所失收，殊難得也。錢思亮先生時任國立中央研究院院長，細閱羅、錢二老函，始悉其函乃協助余與珠海研究所同門申請借閱中研院圖籍事。二老殷勤處理後輩瑣務，令人心折。此事雖遠隔數十年，今日得悉，仍深心感激不盡也。

　　以上所記，凡收佚文 30 篇，而收得諸家佚函、佚文 37 通，余均就內容以作解題，撰成自序，用以敬告讀者。

　　拙著編理完竣，仍蒙高小娟董事長、杜潔祥總編輯惠予採用，花木蘭文化事業有限公司賜予付梓。朋情厚意，助我多端，撫心而思，感激不盡矣！

　　書末附錄林慶彰教授採訪、毛祥年碩士整理之〈何廣棪教授訪談錄〉一篇，以留鴻爪，並藉資存念，用申謝忱。

　　　　　　西元二〇二三年五月十二日，何廣棪撰於新亞研究所。

一、陳振孫《直齋書錄解題》薈鈔本七種之考述及日本抄本《解題》之輯佚

前言

　　余早歲攻讀博士學位於香港新亞研究所，追隨恩師王韶生（懷冰）教授撰寫文學博士論文，題目為〈陳振孫之生平及其著述研究〉。三載文成，而內容充實，且多所突破，獲優異成績。其後，南京大學武秀成教授撰《陳振孫評傳》，其書徵引拙著凡三十三條，甚受學界重視。余畢業後即獲臺灣華梵大學東方人文思想研究所與國家科學委員會合聘為客座副教授；畢業論文亦即蒙臺北市文史哲出版社刊行面世。

　　〈陳振孫之生平及其著述研究〉凡六章，其第四章乃〈陳振孫之主要著作——《直齋書錄解題》〉，該章第三節為〈《直齋書錄解題》之版本〉。所考及《直齋書錄解題》（以下簡稱《解題》）之版本凡十一類，計：（子）底本、（丑）傳鈔本、（寅）批注本、（卯）舊鈔本、（辰）刊本、（巳）輯本、（午）鉛印本與影印本、（未）校本、（申）重輯本、（酉）彙校本、（戌）點校本。而其（卯）舊鈔本下分（一）《永樂大典》本，（二）朱彝尊曝書亭所藏舊鈔殘本，（三）宋蘭揮藏舊鈔殘本，（四）吳騫藏舊鈔殘本，（五）鮑廷博舊鈔殘本，（六）陳徵芝所藏鈔本，（七）王懿榮手稿本，凡七種。

　　以下擬先就拙著所論《解題》舊鈔本之七種資料，重作剪裁，考述如次：

一、《永樂大典》本

《永樂大典》所據鈔《解題》原本，今已不可得而見。惟《四庫全書總目》卷八十五〈史部‧目錄類〉一云

《直齋書錄解題》二十二卷，《永樂大典》本　宋陳振孫撰。……而此書久佚，《永樂大典》尚載其完帙，惟當時編輯潦草，譌脫宏多，又卷帙割裂，全失其舊。謹詳加校訂，定為二十二卷。……原本間於《解題》之後，附以隨齋批注，……今亦仍其舊焉。

案：茲者《永樂大典》本《解題》雖不可得而見，惟《四庫》輯本既就《大典》本編輯而成，如研閱輯本，又詳參《四庫全書總目》，則猶依稀可知《大典》本《解題》之一斑。

二、朱彝尊曝書亭所藏舊鈔殘本

瞿鏞《鐵琴銅劍樓書目》卷十二〈目錄類〉云：

《直齋書錄解題》，舊鈔殘本。宋陳振孫撰。此出文淵閣所鈔，即秀水朱氏、抱經盧氏所見本也。僅存〈楚辭類〉一卷、〈別集類〉三卷、核與今館本同，惟字句差有小異。盧氏又得子部數門於鮑氏。知此書原本惟〈別集〉分三卷，〈詩集〉分兩卷，其餘各類各自為卷，全書當分五十六卷。〈詩集〉後次以〈總集〉、〈章奏〉、〈歌辭〉，而以〈文史〉終焉。其餘次第與館本同。卷首有「文淵閣」、「季振宜藏書」、「汲古閣」、「曝書亭琴藏」、「朱彝尊印」諸印記。

案：依瞿《目》所載，則此本僅殘存〈楚辭類〉一卷、〈別集類〉三卷，凡四卷，乃文淵閣所鈔。考明文淵閣藏有《解題》一部，共七冊；而此本僅存四卷，是所缺者殊多矣。秀水朱氏，即朱彝尊。彝尊字錫鬯，號竹垞，晚號小長蘆釣魚師，又號金風亭長，浙江秀水人。著作豐贍，撰有《經義考》、《日下舊聞》、《曝書亭集》諸書。〈曝書亭集‧鵲華山人詩序〉曰：

予中年好鈔書，通籍以後，見史館所儲，京師學士大夫所藏弆，必借錄之。有小史能識四體書，日課其傳寫，坐是為院長所彈，去官，而私心不悔也。

是朱氏好書，故曝書亭所鈔書、藏書至富。此本後為盧文弨所見，盧氏〈新訂直齋書錄解題跋〉云：

直齋陳氏《書錄解題》二十二卷，《四庫》館新從《永樂大典》中鈔出以行。……乾隆己卯，余讀《禮》家居，友人見示此書，僅自〈楚

辭〉、〈別集〉以下，而其他咸缺焉，乃秀水朱氏曝書亭鈔本也。今
距曩時十八年而始見全書，殊為晚年之幸。

是瞿《目》謂此本乃「抱經盧氏所見本」，固是不誤。瞿《目》又謂此舊鈔殘
本卷首有「文淵閣」、「季振宜藏書」、「汲古閣」、「曝書亭珍藏」、「朱彝尊印」
諸印記，據是可推知此本雖不知誰氏所鈔，然鈔畢後，初為文淵閣收藏，次則
歸諸季滄葦及汲古閣，其末則為秀水朱氏所得；則此本原非曝書亭所鈔，盧抱
經亦不免有所未照矣。邵懿辰《四庫簡明目錄標注・史部》卷十四〈目錄類・
經籍之屬〉附錄云：

　　瞿氏有殘本四卷。存〈楚辭類〉一卷、〈別集類〉三卷。（星詒）。

案：《四庫簡明目錄標注》所著錄者亦即此本。張金吾《愛日精廬藏書志》卷
二十〈史部・目錄類・經籍〉云：

　　《直齋書錄解題》殘本四卷，舊鈔本。宋陳振孫撰。存〈楚辭類〉
　　一卷、〈別集類〉三卷。《四庫全書》著錄本係從《永樂大典》錄出
　　者，此則原本殘佚也。

案：觀是，張氏愛日精廬所藏者亦即此本。金吾字慎旃，別字月霄，畢生篤志
儲藏書籍，大小彙收，今古並蓄，合之先人舊藏，竟多達八萬餘卷，惟其後亦
不免散佚。瞿氏與張氏同里，其鐵琴銅劍樓所收藏宋元舊藏暨舊鈔之本，皆從
邑中及郡城故家展轉搜羅而得，卷逾十萬。是可推知瞿氏所藏《解題》舊鈔殘
本，原屬愛日精廬家藏故物，二家先後所著錄者實為一書，固非於昭文張氏藏
本外，另有鐵琴銅劍樓藏本。

三、宋蘭揮藏舊鈔殘本

　　繆荃孫《藝風堂藏書記》卷五〈類書〉十七〈目錄類〉云：

　　《直齋書錄解題》二十卷，舊鈔本。原書久佚，館臣從《大典》輯
　　出，以原分五十三類，定為二十二卷。此鈔帙雖不全，尚是陳氏原
　　書。存〈楚辭類〉一卷、〈總集類〉一卷、〈詩集類〉二卷、〈別集類〉
　　三卷、〈類書類〉一卷、〈雜藝類〉一卷、〈音樂類〉一卷、〈章奏類〉
　　一卷、〈歌辭類〉一卷、〈文史類〉一卷、〈神仙類〉一卷、〈釋氏類〉
　　一卷、〈兵書類〉一卷、〈曆象類〉一卷〈醫書類〉一卷、〈卜筮類〉
　　一卷、〈形法類〉一卷。原書惟〈別集〉分三卷，〈詩集〉分兩卷，每
　　類各自為卷，全書當分五十六卷。與《大典》本相較，〈釋氏類〉多
　　二條，〈雜藝類〉七條，〈類書類〉二條，其餘字句亦多同異。荃孫

另撰《考證》。收藏有「龢松庵」白文長方印，「筠」字朱文圓印，「宋氏蘭揮藏書善本」白文長方印。

案：《藝風堂藏書記》所著錄者，乃宋筠所藏《解題》舊鈔本，此本凡二十卷。考筠字蘭揮，龢松庵乃其齋名。惟繆氏《藝風堂藏書記》於宋氏行實未曾道及，余已於本章第二節中紹介之。今仍補述一二於下：

考沈文慤〈奉天尹宋公墓志銘〉云：

公諱筠，字蘭澤，號晉齋。既冠，捷南官，由江西藩司晉奉天府尹。

瞿鏞《鐵琴銅劍樓藏書目錄》卷三、〈經部〉三、〈詩類〉亦云：

《叢桂毛詩集解》二十一卷，舊鈔本。題盧陵段昌武子武集。……每冊皆有「筠」字圓印，「雪苑宋氏蘭揮藏書」長方印。

同書卷十七〈子部〉、五〈小說類〉云：

《鐵圍山叢談》卷六，舊鈔本。題百衲居士蔡絛撰。……卷首有「宋氏蘭揮藏書善本」朱記。

綜上所記，是蘭揮由江西藩司，官至奉天府尹，其家藏之書，舊鈔本殊不少，而其藏書上均加蓋藏書印記也。

繆藝風所藏此本，後經王先謙以《大典》本相校，先謙《虛受堂書札》卷一有〈又與筱珊〉函，云：

尊藏《書錄解題》鈔本，校畢奉上。各卷次第分合與《大典》不同，而卷數或有或無，〈類書〉、〈雜藝〉、〈音樂〉、〈神仙〉、〈釋氏〉、〈兵書〉、〈曆象〉、〈醫書〉、〈卜筮〉應在「子」而入「集」，蓋鈔本書者糅亂任意，非原本誤也。與《大典》本互勘，字句頗多殊異、增省之處。〈雜藝類·唐朝名畫錄〉一卷，原別為一條，《大典》本據《通考》錄入，合之於〈書斷〉，賴此本猶見原書面目。〈音樂類〉亦有數條為《大典》本所無，惜「經」、「史」全缺，「子」部少〈陰陽家〉一類，然張氏《讀書志》所藏不及此本之多，已云稀有，則此本之可貴當何如邪！僕慮籤黏易脫，校注上方，又以文繁眼眊，既無別本攙雜其間，意趣簡略，不復出「《大典》本」三字。史席餘閒，請自增之。

案：先謙此函所謂《大典》本，即《四庫》輯本，先謙蓋用輯本與繆氏所得宋蘭揮藏本相較也。舊鈔本勝處，王氏類能言之，此本卷數又較秀水朱氏所藏鈔本為多，固甚可貴也。惜其蹤跡今亦不可確悉矣。徐小蠻、顧美華點校《直齋

書錄解題》,其卷首〈點校說明〉處載:

> 青海師範學院藏繆荃孫批校本。

竊疑青海師範學院所藏之繆荃孫批校本,即為繆藏之宋蘭揮所藏本。所惜徐、顧二君點校《解題》,於青海師範學院所藏本全未善加利用,而繆氏自言另撰有《考證》,惟此《考證》之本,今亦不之見矣。

邵懿辰《四庫簡明目錄標注》卷十四〈目錄類‧經籍之屬〉、邵章〈續錄〉云:

> 《書錄解解》二十二卷,武英殿聚珍本,盧學士借校,多所補正,凡字畫之不合六書者,悉皆更定,彌見前輩讀書之精審,深可寶愛。簡莊徵君復校補十數條,內卷十二至卷十四,卷十九至二十二,先君子曾得舊鈔殘本,手校於上,後以贈嘉興陳梅軒進士。嘉慶乙丑,簡莊得陳鄉人從梅軒借錄本一冊,以示先君子,因復錄於是本,並書十四卷後云:「予向有舊《書錄解題》殘本,後以贈橋李陳進士效曾,效曾官楚中十餘年,移疾而歸,所患乃失心之疾。此書予未有副,求前書一校此本亦不可得。頃簡莊從吳中購得一本,則有效曾鄉人曾與效曾借予殘本而手校者,惜不知姓氏,考其所校時,迄今已二十有五年矣。因復從簡莊借錄於此本,不禁閣筆為之三歎!嘉慶乙丑兔床志。」又書廿二卷末云:「喜慶丁卯仲秋,秀水王稼洲茂才過訪,予出此書示之,其十二卷中所云:從同郡陳效曾所借。效曾之姓名,稼洲亦不辨。稼洲名尚繩,尊甫省齋大令元啟,禾中篤學士也,於效曾為前輩。」

案:讀上述《簡莊綴文》及《拜經樓藏書題跋記》二條所載,當知吳騫舊藏有《解題》舊鈔殘本,用之持贈陳熷。熷字效曾,號梅軒,官楚中十餘年,後以患失心疾而歸鄉。所惜熷得自槎客之舊鈔殘本,今已蹤跡莫明矣。熷鄉人某曾借錄此本,轉錄於聚珍本《解題》上。陳鱣客吳中時購得此借錄本,歸里攜示槎客。槎客乃跋之,並略考鄉人某借錄之時月,蓋在嘉慶(十年)乙丑(1805)二十五年前,即乾隆四十五年庚子(1780)也。由是可推知,槎客所藏舊鈔殘本,乾隆四十五年庚子間仍存陳梅軒處,惟自鄉人某借錄後,此本存佚則無可稽考矣。

至吳槎客此舊鈔殘本,究所鈔存者為若干卷,陳簡莊、吳槎客及吳壽暘諸人均未詳考及之。惟《拜經樓藏書題跋記》既云:「簡莊徵君復校補十數條,

內卷十二至十四，卷十九至二十二，先君子曾得鈔殘本，手校於上，後以贈嘉興陳梅軒進士。」據此，則頗疑槎客此舊鈔殘本所存者，即輯本之內卷十二至卷十四，卷十九至卷二十二各類，亦即〈神仙類〉一卷、〈釋氏類〉一卷、〈兵書類〉一卷、〈曆象類〉一卷、〈陰陽家類〉一卷、〈卜筮類〉一卷、〈形法類〉一卷、〈醫書類〉一卷、〈音樂類〉一卷、〈雜藝類〉一卷、〈類書類〉一卷、〈詩集類〉二卷、〈歌詞類〉一卷、〈章奏類〉一卷、〈文史類〉一卷，凡為十五類十六卷，較之宋蘭揮所藏之二十卷本，稍少四卷。宋藏本〈楚辭類〉一卷、〈總集類〉一卷、〈別集類〉三卷為此本所無，而此本有之〈陰陽家類〉一卷，則為宋藏本所獨缺。宋、吳二家所藏舊鈔殘本有一共同點，即其存者皆為子、集之部，而經、史兩錄全缺。今宋藏本幸賴得木齋全部過錄，猶可綿延不絕於時；而吳藏本則已無所蹤跡矣。至梅軒鄉人、槎客、簡莊諸人所過錄之本，亦求而不可得。言念及此，乃不禁擱筆為之傷歎不已也。

然木犀軒過錄本《解題》中並無隨齋批語，疑宋蘭揮所藏舊鈔殘本原本亦如此。余頗懷疑宋氏所藏舊鈔殘本，其所依據者或為《解題》底本，或為傳鈔本；亦有可能此本即為傳鈔本之殘本。故其與《大典》本頗有異同，且若干類中所收書籍較《大典》本為多，足補《四庫》輯本之闕。至此本與輯本字句之異同，且若干類中所收書籍較《大典》本為多，足補《四庫》輯本之闕。至此本與輯本字句之異同，足資讎校，猶為餘事也。所可惜者，此一舊鈔殘本，其經、史兩部全缺，子部又少儒、道、法、名、墨、縱橫、農、雜、小說、陰陽等十家十類；然則王氏〈又與筱珊〉函中僅謂「子部少陰陽家一類」，殊未符此本事實，不意先謙此函所述亦偶有失檢之處也。

四、吳騫藏舊鈔殘本

吳騫為清代著名藏書家，《海昌備志》載其生平曰：

> 吳騫字槎客，號兔床，家新倉里。篤嗜典籍，遇善本傾囊購之弗惜，所得不下五萬卷，築拜經樓藏之。晨夕坐樓中展誦摩挲，非同志不得登也。得宋本《咸淳臨安志》九十一卷、《乾道志》三卷、《淳祐志》六卷，刻一印曰「臨安志百卷人家」，其風致如此。子壽照，字南耀，號小尹，乾隆丙午舉鄉試。壽暘字虞臣，槎客以宋槧《東坡先生集》授之，因自號「蘇閣」，取拜經樓書有題跋者手錄成帙，為《題跋記》」。

同書中之《海昌藝文志》又載：

吳騫，仁和貢生。居邑之小桐溪，築拜經樓，貯書甲於一邑。又構別業於陽羨，搜討桃溪諸勝殆徧，與同里陳簡莊、周松靄諸君子日事校讎，不預戶外事。卒年八十一。

余讀吳騫《愚谷文存‧桐陰日省編》下，亦云：

> 吾家先世頗乏藏書，余生平酷嗜典籍，幾寢饋以之。自束髮迄乎衰老，置得書萬本，性復喜厚帙，計不下四五萬卷。分歸大、二兩房者，不在此數。皆節衣縮食，竭平生之精力而致之者也。非特裝潢端整，且多以善本校勘，丹黃精審，非世俗藏書可比。至於宋元本精鈔，往往經名人學士賞鑒題跋，如杭菫浦、盧抱經、錢辛楣、周松靄諸先生，鮑淥飲、周耕崖、朱巢欽、張芑堂、錢綠窗、陳簡莊、黃蕘圃諸良友，均有題識，尤足寶貴。故余藏書之銘曰：「寒可無衣，饑可無食，至於書，不可一日失。」此昔賢詒厥之名言，允可為拜經樓藏書之雅率。嗚呼！後之人或什襲珍之，或土苴視之，其賢不肖真竹垞所謂視書之幸不幸，吾不得而前知矣。

觀以上各條所載，則槎客一生於書籍之嗜、求、藏、校，固可知矣。槎客一字葵里，陳鱣《簡莊綴文》卷三〈直齋書錄解題跋〉云：

> 近客吳中，從書賈購得《書錄解題》，係聚珍本，間有朱筆校語，初不知為何人，及閱卷之十二上有標題云：「借同鄉陳進士熷所藏海寧吳葵里鈔本殘帙校。」始知吾鄉槎客明經曾有舊鈔以遺秀水家效曾進士，而此君復轉錄於此本者也。惜乎僅題年月，不著姓名，觀其書法秀麗，精心好古，定屬雅人。會余歸里，攜示槎客，一見心喜，如逢古人。既為重錄於盧抱經學士手校本上，余復借盧校本傳寫對勘一過，又改正數百字，並從《文獻通考》補得十餘條，凡黃筆者皆是，今而後庶幾可為善本。因念抱經學士已歸道山，效曾進士久患心疾，而槎客之年亦七十三矣。余得挾書往來，賞奇析義，能不欣感交至哉！

陳鱣此條所載槎客與《解題》之事亦甚可珍惜。

五、鮑廷博藏舊鈔殘本

盧文弨《抱經堂文集》卷九、〈跋〉二〈新訂書錄解題跋戊戌〉云：

> 此書外間全無本久矣，《四庫》館新從《永樂大典》中鈔出，分為二十二卷，余既識其後矣。丁酉王正，復得此書子、集數門元本於知

不足齋主人所，乃更取而細訂之。知此書唯〈別集〉分三卷，〈詩集〉
分兩卷，而其餘每類各自為卷，雖篇幅最少者，亦不相聯屬，余得
據之定為五十六卷。元第〈詩集〉之後，然後次之〈總集〉，又〈章
奏〉，又〈歌詞〉，而以〈文史〉終焉。其他次第，並與館本無不同
者。其〈雜藝〉一類，較館本獨為完善，余遂稍加訂正而更鈔之。
余自己卯先見集部元本，越十九年而更見子部中數門，則安知將來
不更有並得經、史諸類者乎？取以證吾所鈔者，庶有以明吾之不妄
為紛更也已。乾隆四十三年正月二十九日東里盧文弨書。

觀是，則盧氏曾得《解題》舊鈔殘本子、集數門於知不足齋主人所。知不足齋
主人鮑廷博，字以文，清代著名藏書家，與盧抱經至相友善。盧氏另有〈徵刻
古今名人著作疏〉，不見於《抱經堂文集》，其文略云：

吾友鮑君以文者，生而篤好書籍，於人世富貴利達之足以艷人者，
舉無所櫱於中，而惟文史是耽。所藏弆多善本，並有人間所未盡見
者，進之秘省之外，復不私以為枕秘，而欲公之。晨書暝寫，句核
字讎，迺始付之樟人氏。棗梨既精，剞劂亦良，以是毀其家，不卹
也。

是以文耽文史，好藏書、校書，並及於剞劂可知矣，而其所刻亦至精也。至鮑
氏之為人與行事，朱文藻〈知不足齋叢書序〉亦云：

吾友鮑君以文，築室儲書，取《戴記》「學然後知不足」之義以顏其
齋。君讀先人遺經，益增廣之。令子士恭，復沈酣不倦，君字之曰
「志祖」，蓋嗜書累葉如君家者，可謂難矣。三十年來，近自嘉禾、
吳興，遠而大江南北，客有舊藏鈔刻來售武林者，必先過君之門，
或遠不可致，則郵書求之。浙東西諸藏書家，若趙氏小山堂、汪氏
振綺堂、吳氏瓶花齋、汪氏飛鴻堂、孫氏壽松堂、鄭氏二老閣、金
氏桐花館，參合有無，互為借鈔。至先哲後人，家藏手澤，亦多假
錄。得則狂喜，如獲重貲；不得，雖積思累歲月不休。余館於振綺
堂十餘年，君借鈔諸書，皆余檢集。君所刻書，余嘗預點勘。余與
君同嗜好，共甘苦，君以為知之深者，莫余若也。

趙懷玉〈知不足齋叢書序〉於以文行實亦有所增補，云：

鮑君以文識曠行高，自其先人即嗜文籍。君復勤搜遐訪，積數十年，
家累萬卷。丹鉛校勘，日手一編，人從假借，未嘗逆意。既又以其

異本刊為《叢書》，曰：「物無聚而不散，吾將以散為聚耳。金玉璣
貝，世之所重，然地不愛寶，耗則復生。至於書，則作者之精神性
命託焉。著古昔之晤晤，傳千里之忞忞者，甚偉也。書愈少則傳愈
難，設不廣為之所，古人幾微之緒，不將自我而絕乎？乞火莫若取
燧，寄汲莫若叢并，懼其書之不能久聚，莫若及吾身而善散之也。」
鮑君於是乎遠矣！

阮元〈知不足齋鮑君傳〉更謂：

> 高宗純皇帝詔開《四庫》館，採訪天下遺書，鮑君廷博集其家所藏
> 書六百餘種，命其子士恭由浙江進呈。既著錄矣，復奉詔還其原書；
> 《唐闕史》及《武經總要》，皆聖製詩題之。嘉慶十八年，方公受疇
> 巡撫浙江，奉上問鮑氏《叢書》續刊何種。方公以第二十六集進，
> 奉上諭：「鮑廷博年踰八旬，好古積學，老而不倦。著加恩賞給舉人，
> 俾其世衍書香，廣刊秘籍，亦藝林之勝事也。」元案：君又號淥飲，
> 世為歙人。父思詡，攜家居杭州。君以父性嗜讀書，乃力購前人書
> 以為歡，既久而所得書益多且精，遂袞然為大藏書家。自乾隆進書
> 後，蒙御賜《古今圖書集成》、《伊犁得勝圖》、《金川圖》，疊膺異數，
> 褒獎彌隆。君以進書受主知，謂諸生無可報稱，乃多刻所藏古書善
> 本，公諸海內。至嘉慶十八年，年八十有六，所刻書至二十七集，
> 未竣，而君以十九年秋卒。

讀盧氏諸人所載有關廷博之一生行事，則廷博有功於學術，有裨於書林，蓋可
知矣。知不足齋所藏《解題》舊鈔殘本，就盧〈跋〉所記，乃僅具子、集數門，
而缺經、史二錄；至其集部次第亦與《四庫》輯本略異，即〈詩集〉兩卷後，
次以〈總集〉，又次〈章奏〉，又〈歌詞〉，而以〈文史〉終焉。至其他各類次
第，則與輯本無不同；然其子部〈雜藝類〉則較輯本為完善也。抱經得此本在
「丁酉王正」，即乾隆四十二年（1777）正月，蓋距其作〈跋〉之時僅一歲耳。
所惜者，此本雖一時為盧氏所擁有，而今亦渺其蹤跡矣。

六、陳徵芝所藏鈔本

陳徵芝，字蘭鄰，福州府閩縣人。嘉慶七年壬戌（1802）科進士二甲七十
名。為令浙江時，藏書甚富。其裔孫，名樹杓，字星村，嘗編有《帶經堂藏書
目》五卷，民初間順德鄧實依原稿本刊印，為《風雨樓藏書》之一。《帶經堂
藏書目》卷二〈史部・目錄類〉載：

《直齋書錄解題》二十二卷，鈔本，宋陳振孫撰。內〈楚辭〉一卷、〈別集〉三卷，從朱氏曝書亭影宋殘本錄寫；餘從文淵閣纂輯《永樂大典》本傳錄。

是則此鈔本乃湊合曝書亭影宋殘本及《大典》本鈔錄而成。惟此鈔本有三問題必須略作考證者，其一即為此鈔本究寫成於何時？今觀《書目》末語「余從文淵閣纂輯《永樂大典》本傳錄」云云，則其成書必在文淵閣建就貯藏《四庫全書》之後。案：文淵閣，乾隆四十九年（1784）就杭州孤山聖因寺藏書堂改建而成，是則此鈔本當成於此年之後。

其二則為此鈔本究寫成於何人之手？案：帶經堂所藏書，皆為蘭鄰官浙江時得之於王芑孫者。芑孫字念豐，號惕雨，一號鐵夫，又號愣伽山人，清長洲人，乾隆間舉人，家有淵雅堂，藏書甚富。譚獻《復堂日記》卷一云：

見陳氏《帶經堂書目》多有影宋鈔本，蓋黃蕘圃舊藏，後歸王惕甫。

陳徵芝蘭鄰官浙江時所，又得之惕甫所，乃入閩。此其流傳端緒也。

據仁和譚氏《日記》所載，則此鈔本當亦購自長洲王氏。惟是否由王氏鈔成，或蕘圃舊藏，惜原書未見，取證不足，無由判決矣。是則此問題欲求答案，猶須俟諸他日也。

其三則為此鈔本其後之蹤跡。案：帶經堂所藏之書，陳樹杓身後散佚，大半歸周星詒；星詒之書，其後又歸蔣鳳藻。陸心源《帶經堂陳氏藏書目書後》有云：

《帶經堂陳氏藏書目》五卷。閩陳徵芝蘭鄰鑒藏，孫樹杓星村編次，原稿本，周星詒季貺、陸心源剛父批訂。陳徵芝蘭鄰以名進士為令浙江，藏書甚富。孫星村，名樹杓，亦善鑒別，編為《書目》五卷，手寫成帙，以就正於祥符周星詒季貺、歸安陸心源剛父。季貺、剛父為之刪訂添改，多有旁注眉批，皆季貺、剛父手筆也。季貺、剛父皆夙好藏書，素精目錄之學，此蓋其官閩時所手改。後陳氏藏書大半歸之季貺，季貺挂誤遣戍，所藏遂歸吳中蔣鳳藻香生。

又考蔡昌熾《藏書紀事詩》卷七〈周星詒季貺〉條云：

周季貺別駕，名星詒，河南祥符縣人。……季貺少籍華臚，收藏甚富。精於目錄之學，四部甲乙，如別黑白。篋仕閩垣獲譴，庫公帑無以償，亡友蔣香生太守出三千金資之，遂以藏書盡歸蔣氏心鉅齋。……季貺書數十櫝，余在心矩齋盡見之，雖無宋元舊槧，甄擇

甚精，皆秘冊也。尤多前賢手錄之本及名家校本，朱黃爛然，各有
題跋，今散為雲煙矣。

觀陸、葉二氏所記，足見此《解題》鈔本當隨藏書由陳氏而周氏，由周氏而蔣
氏矣。蔣氏心矩齋之書，葉氏《藏書紀事詩》謂「今散為雲煙矣」，而同書卷
六〈蔣鳳藻香生〉條云：

同邑蔣香生太守鳳藻，家世貨殖，納貲為郎，嗣以知府分發福建，
補福寧府。……君雖起自素封，未嘗學問，而雅好翰翰，嗜書成癖。
在閩納交周季貺司馬，盡傳其目錄之學。……閩垣未經兵燹，前明
徐興公、謝在杭，及近時帶經堂陳氏遺書，流落人間者，君留心搜
訪，多歸插架。季貺絓誤遣戍，君資以三千金，季貺盡以所藏精本
歸之，遂蔚成大國。……君少通倪，不矜細節，尤為里中兒所賤簡。
聞君收藏書籍，謹然相告，引為破家殷鑒。及君歿，而市駿者懸巨
金以求發篋，則又動色嗟訝。嗟乎！自菉圃、香嚴，距今不過百年，
何以風流歇寂，且旦夕消，望影吠聲，群自居於原伯魯，亦書林之
一厄也。

觀是，是香生既歿，亦即心矩齋藏書「散為雲煙」之時矣。

余考《藏書紀事詩》，原稿六卷，斷自香生為止，前有王頌蔚於光緒辛卯
孟陬所撰一序。光緒辛卯，即十七年（1891），是香生病歿當略在此年之前。
由是觀之，則此鈔本溯其蹤跡，及今又百三十年矣。

綜上所述，陳徵芝所藏《解題》鈔本乃得自王芑孫惕甫，書乃湊合鈔寫而
成，故論其價值則未算至高。惟清末如繆荃孫、王先謙，及今人陳樂素、喬衍
琯輩，均未知有此《解題》鈔本，用特考其寫成歲月與後人收藏蹤跡，揭之於
世，庶可發潛德之幽光矣。

七、王懿榮手稿本

國立中央圖書館編印有《臺灣公藏善本書目書名索引》，其書著錄曰：

《直齋書錄解題》一卷，宋陳振孫撰。清編者手稿本，《觀我堂叢書》
之一。中圖 1821

案：觀我堂乃王懿榮室號。《清史稿》卷四百六十八、〈列傳〉二百五十五〈王
懿榮〉云：

王懿榮，字正孺，山東福山人。祖兆環，山西巡撫。父祖源，四川

成綿龍茂道。懿榮少劬學，不屑治經生藝，以議敍銓戶部主事。光緒六年成進士，選庶吉士，授編修，益詳練經世之務，數上書言事。十二年，父憂，解職。服闋，出典河南鄉試。二十年，大考一等，遷侍讀。明年，入直南書房，署國子監祭酒。會中東戰事起，日軍據威海，分陷榮城，登州大震，懿榮請歸練鄉團。和議成，還都，特旨補祭酒。越二年，遭母憂，終喪，起故官，蓋至是三為祭酒矣，前後凡七年，諸生翕服。二十六年，聯軍入寇，與侍郎李端遇同拜命充團練大臣。懿榮面陳：「拳民不可恃，當聯商民備守御。」然事已不可為。七月，聯軍攻東便門，猶率勇拒之。俄眾潰不復成軍，迺歸語家人曰：「吾義不可苟生！」家人環跽泣勸，屬斥之。仰藥未即死，題〈絕命詞〉壁上曰：「主憂臣辱，主辱臣死。於止知其所止，此為近之。」擲筆赴井死。先是，懿榮命浚井，或問之，笑曰：「此吾之止水也！」至是，果與妻謝氏、寡媳張氏同殉焉。諸生王杜松等殮瘞之。事聞，贈侍郎，諡文敏。懿榮泛涉書史，嗜金石，翁同龢、潘祖蔭並稱其博學。

林申清所編《明清藏書家印鑑》則云：

> 王懿榮（1845～1900），字廉生，清福生人。光緒庚辰（1880）進士。生平好聚舊槧古器碑版圖畫之屬。

觀是，可知王氏生平概況。考《明清藏書家印鑑》書中，收有「王懿榮」大小三方印及「福山王氏正孺藏書」長方印，蓋懿榮字正孺也。

行文至此，忽念及中央圖書館之編輯《臺灣公藏善本書目書名索引》，其書中雖著錄有此手稿本，然編者竟不知「觀我堂」乃懿榮少年時室名，又未翻檢此本首頁右下角，即蓋有方型之「王懿榮印」，亦可算疏略矣。至喬衍琯先生曾較長期任職國立中央圖書館，惟其所著《陳振孫學記》，於第四章《直齋書錄解題》第二節《傳本》著錄中，竟缺載王懿榮此手稿本，殊可怪異。真治學檢書甚雖，致令喬氏「睫在眼前看不見」耶！噫！固足惋矣。

以上有關《解題》舊鈔本七種，已作詳實考述。繼而略述「《解題》日本抄本」資料之獲悉。

近日有暇，閒逛二手書店。於九龍旺角西洋菜街梅馨書店購得北京圖書館出版社二〇〇二年七月刊印之《北京師範大學圖書館古籍善本書目》。返家急速檢閱，於該書頁一二二〈目錄類〉，編號一三〇三條有「《解題》日本抄本」

之著錄，為之狂喜，此本固余前此未嘗知悉者也。茲先將該條資料影印本揭示
於下，以告同道。

> 1303
> **直齋書錄解題二十卷**
> 　　（宋）陳振孫撰
> 　　日本抄本
> 　　七冊
> 　　十三行，字不等，無格。鈐「激素飛清閣藏書記」、「星吾
> 海外訪得秘笈」、「宜都楊氏藏書記」、「楊守敬」、「黃氏藏書」、
> 「小野氏圖書印」、「紲盦圖書」等印。
> 　　　　　　　　　　　　　　　　　　　善015.852/378-03

案：此條著錄《解題》日本抄本，謂全書凡七冊，每半頁十三行，每行字不等，
無格。其下記「星吾海外訪得秘笈」、「宜都楊氏藏書記」、「楊守敬」，皆屬楊
守敬之藏書印。守敬字星吾，清末民初大藏書家。至「黃氏藏書」，疑屬黃丕
烈藏書印。《解題》日本抄本，其書或初藏黃氏，丕烈歿後書散，轉藏楊氏，
故書上蓋有二家之印。「小野氏圖書印」，其小野氏，疑即小野節。北京圖書館
出版社二〇〇〇年十月第一版林申清編著《日本藏書印鑑》，該書頁十一有
「小野節家藏書」印，旁說謂「朱文篆方六分五厘」。至其右旁，則有印主簡
介，茲謹將二者附載，以供參考。

> 小野節（1620～1688）更姓人見，通稱友元，號竹洞。江戶初期儒
> 學者。師從林羅山、林鵝峰父子。藏書多善本佳刻，後多歸足利學
> 校。

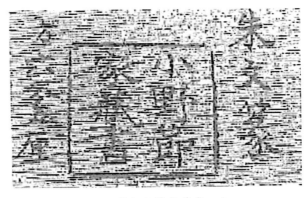

圖一　「小野節家藏書」印

至「激素飛清閣藏書記」、「緗盦圖書」二印，其印主為誰？余嘗細檢孫書安、孫正磊編著《中國室名大辭典》、林申清《明清藏書家印鑑》二書，一時未獲答案，容後續考。

有關北京師範大學圖書館珍藏《解題》日本抄本七冊事，前此陳樂素、喬衍琯二老固未之知；當世為《解題》全書作點校之徐小蠻、顧美華二位與曾撰作《陳振孫〈直齋書錄解題〉管窺》之張守衛先生似亦未知此事。至撰寫《陳振孫評傳》，現任教南京大學中文系之武秀成教授，於其著書中亦未嘗提及有《解題》日本抄本。故甚希望有後繼者能將此書化身千萬，斯則對有志研治《解題》日本抄本者，受益無量矣！

原載《新亞論叢》第 23 期，2022 年 12 月

二、《黃丕烈藏書題跋集》佚文一篇
——〈黃蕘圃《宋刻監本纂圖重言重意互注點校毛詩》題跋〉

　　二〇一三年八月，上海古籍出版社刊行余鳴鴻、占旭東點校之《黃丕烈藏書題跋集》。全書收有繆荃孫輯《蕘圃藏書題識》、繆荃孫輯《蕘圃刻書題識》、王大隆輯《蕘圃藏書題識再續錄》、李文裿輯《士禮居藏書題跋補錄》，另有顧廣圻撰、黃丕烈注《百宋一廛賦》、黃丕烈撰《百宋一廛書錄》。內容至為富贍，庶幾將黃丕烈一生中就八百多種珍貴古籍所撰題跋一千多篇搜羅畢備，其書足供研究黃丕烈學術者旁徵博考，殊可謂嘉惠士林。

　　《黃丕烈藏書題跋集》所收第一種乃繆荃孫輯《蕘圃藏書題識》，該書卷一〈經類〉第三篇為《纂圖重言重意互注毛詩二十卷　宋監本》，所載黃丕烈題跋云：

> 宋刻監本《纂圖重言重意互注毛詩》，余於向年得之郡故家，內原闕第五至第七計三卷。其時適有別本宋刻小板者，亦屬殘本，而此三卷可配入，故並購之，擬重裝焉，因循未果。今歲夏初，五柳主人從都中歸，攜有全部宋刻本，行款正同，謂可借以影鈔補全。無如已許售海寧陳仲魚，遂轉向仲魚借之以了此願。鈔畢復手校其誤，三卷中止誤一字，七卷六葉三行「淫」誤為「浮」，竟改之，墨痕可驗也。嘉慶庚午秋八月朔日，復翁黃丕烈識。

案：丕烈此題跋，撰於清仁宗嘉慶十五年庚午（1810），內容道及其所得之宋刻本《毛詩》凡二種，其一為《纂圖重言重意互注毛詩》，該書得之郡故家，

惟闕第五、六、七三卷；其二乃別本宋刻小板殘本，此書中適有五、六、七卷，正可配補前書，乃購之。後另見五柳主人從都中攜回之全部宋刻本，其行款與第一種同，可借以影鈔補全其書。惟此種之第七卷、第六葉、第三行「淫」字誤為「浮」字，乃特予改正，而書上所留墨痕猶可驗也。

　　黃丕烈另撰有一篇書名為《宋刻監本纂圖重言重意互注點校毛詩》之題跋，此跋則為上海古籍出版社《黃丕烈藏書題跋集》所未收；余近檢閱國家圖書館出版社二○一○年九月出版周一良主編《自莊嚴堪善本書影》，於該書第一冊〈經部〉第廿七頁竟發現之。該頁乃據丕烈題跋原件影印，凡二紙，至為可貴。茲先將影印本列上，並附其釋文於下：

釋文：

此殘宋本《詩經》傳箋附釋文本，余得諸己巳年，鈔補于庚午年，猶未及裝潢也。頃又得一小字本，大同而小異，合諸《延令季氏書目》。所云「鄭箋陸德明釋文《詩經》二十八卷八本」之說，正符其目。又載：「《監本纂圖重言重意互註點校毛詩》六本」，乃得此本之名。是書雖非季氏舊物，而監本之名從此識矣！監本亦非一刻，余新得者標題「《監本重言重意互註毛詩》」，較此少「纂圖」字、「點

「校」字，可知非一刻矣！昔人聚書不妨兼收並蓄，故得成大藏書家。
余力萬不逮季氏之一，而好實同之。茲藏二刻，居然相垺。後之得
是書者，其殆將由百宋一廛之簿錄而沿流溯源乎？喜而書此，以誌
余言之非妄云。

辛未初冬，復翁書于求古居。

越月季冬望後一日裝成，原收及裝潢鈔補之費，共計百金。

案：據跋語所記，丕烈得此殘宋本《監本纂圖重言重意互註點校毛詩》在清仁
宗嘉慶十四年己巳（1809），而其鈔補則在翌年庚午（1810）。至此一題跋，乃
撰成於嘉慶十六年辛未（1811）初冬。丕烈此題跋原件初曾為周叔弢先生自莊
嚴堪珍藏，現歸中國國家圖書館。二〇一三年八月，上海古籍出版社刊行《黃
丕烈藏書題跋集》時，未嘗查檢二〇一〇年九月出版之《自莊嚴堪善本書影》，
失之眉睫，遂俾余代為檢得而補其偶漏，斯固治學者幸運事也。

余又查考《自莊嚴堪善本書影》第一冊、〈經部〉第廿九頁有周叔弢先生
題跋一篇，內容乃詳及叔弢得黃丕烈此書題跋之原委，至堪參考。茲亦將周氏
題跋影本附上，而釋文列下，以資讀者研閱。

釋文：

《宋刻監本纂圖重言重意互注點校毛詩》，士禮居舊藏。原有黃蕘圃
手跋，不知何時佚去。江劍霞氏曾見原跋於趙靜涵家，并云此書已
不可得。余初得此書時，見有「求古居」印，又七卷、六葉、三行
「浮」字改「淫」字，遂定此為士禮居故物。乃乞篤文道兄依《蕘
圃藏書題識》，補錄黃氏跋語，以誌其源流。今年春正月，北平書友
王搢青忽郵寄黃氏《毛詩》手跋兩通，蠹痕宛然，正此書所佚者。
其徒喬景憙新得之蘇州，當從趙氏散出。合浦珠還，為之大喜過望，
亟命工補綴，裝之首冊。雖索值奇昂，亦不遑諧價矣！庚辰正月二
十日，至德周暹記於自莊嚴堪。

案：署名之周暹即叔弢先生。此題跋撰成於一九四〇年庚辰正月二十日，跋文
詳記其得此書與其後從王搢青處購得黃丕烈手跋二通之情況，因合浦珠還，周
氏乃大喜過望，爰撰跋以記之。

又案：有關黃丕烈《宋刻監本纂圖重言重意互注點校毛詩》題跋及周氏此
跋中提及之人物頗多，特選二位予以紹介。其一為季振宜。此題跋有「延令季
氏書目」一語，所言季氏乃指季振宜也。江西教育出版社一九九一年印行趙國
璋、潘樹廣合編之《文獻學辭典》有其條目，載：

季振宜（1630～？）清初藏書家。字詵分，號滄葦。江蘇泰興人。
順治四年（1647）進士，官至御史。家豪富，嗜藏書，江南故家藏
書多歸之，尤以錢氏述古堂舊藏、毛氏汲古閣宋元善本為最。自編
《季滄葦藏書目》一卷，據其所載，宋元刻本及舊鈔本幾乎無所漏
略。其中半數出於錢氏，而記載較錢氏更詳。藏書處曰辛夷館，室
名靜思室。著有《靜思室詩集》。康熙後，書漸散失，多半歸於清宮
天祿琳琅。嘉慶十年（1805）黃蕘圃刊印《延令宋版書目》。

黃丕烈題跋中所言《延令季氏書目》，即此條之《延令宋版書目》也。

至周叔弢先生題跋中提及之「江劍霞氏」，其人即江標。標字建霞，周氏
稱之為劍霞。《文獻學辭典》亦有「江標」條目，茲迻錄如次：

江標（1860～1899）清季金石家、藏書家。字建霞，號萱圃、師鄦，
自號笘誃。江蘇元和（今吳縣）人。光緒十五年（1889）進士。歷任
翰林院編修、湖南學政等職。……工詩文，善書畫，精於目錄版本
之學，酷嗜鼎彝文字。所藏宋、元精槧、名畫、古器甚富。藏書處

名靈鶼閣。曾輯金石、詩文、經說、傳記、目錄版本諸書，刊刻《靈
鶼閣叢書》六集、五十七種、九十三卷。撰有《欽定四庫全書總目
提要四部類敘》一卷、《沅湘通藝錄》八卷、《黃蕘圃先生年譜》、《紅
蕉詞》等。

案：余撰作此文，志在輯佚，主旨乃為上海古籍出版社刊行之《黃丕烈藏書題
跋集》拾遺補闕，拙文既就，即達初衷。以上徵引「季振宜」、「江標」兩條目
資料，僅供讀者參考。其餘要考之條目尚多，暫且煞住，一則以避拙文之枝
蔓，二則剩餘條目之材料，擬留待讀者自行查檢考量矣！

原載《國文天地》第 36 卷第 1 期，2020 年 6 月

三、贋稱黃丕烈、何焯撰之兩篇題跋考
——〈宋韓彥直撰《橘錄》三卷跋〉

　　月前，閒逛香港銅鑼灣商務印書館，購得上海世紀出版集團中西書局二
〇二〇年四月出版之《英國劍橋李約瑟研究所東亞科學史圖書館藏漢籍善本
圖目》。其書「頁096」所著錄者為「〈儒兵農家類·413《橘錄》三卷，宋韓彥
直撰〉」條，下有注曰：「書賈偽撰宋本，書末何焯、黃丕烈題跋及相關藏書印
亦皆偽，參見錢存訓文（函內附）。」觀其注語，蓋謂何、黃二題跋均書賈所
偽撰，並謂可參考錢存訓教授文，以求其解。

　　以下特列示《橘錄》三卷版本提要表，俾便讀者參閱。

---

413. 橘錄三卷　宋 韓彥直 撰

明弘治間翻宋刻萬曆間補版後印本　　1函1冊

每半葉十二行，每行二十字。白口，無魚尾，左右雙邊。
開本（金鑲玉裝）：30.2（24.3）× 21.1 cm　　正文首葉版匡：19.5 × 13.7 cm

藏書印：何焯之印　士禮居藏　甲　宋本　蕘圃　李約瑟印（25）

注：書賈偽題宋本，書末何焯、黃丕烈題跋及相關藏書印亦皆偽。參見錢存訓文（函內附）。

儒兵農家類，《東亞科學史圖書館藏漢籍善本圖目》之四一三

　　余閱上提要表小注後，決定撰作拙文，略表愚見，並擬先就偽黃丕烈題跋
有所申說，而後再考偽何焯跋之不可信。

　　為讀者閱讀本文方便起見，特將偽黃氏題跋影本附本文後，而將其釋文
先行迻錄於前：

壬申五月十有一日為余五十賤辰，諸親友之以禮物相遺者，余敬謝
弗敢拜嘉。而相知中又有以筆墨文玩諸物為贈，則弗敢固辭矣。是
書贈自香嚴，蓋香嚴喜藏書，家多秘本，先余數十年而收藏者，今
年已七十外矣。知余有同嗜，故蹤跡甚密。余每購一書，必攜以相
質。有須參考者，必往借所藏秘本證之，二十年來，可謂同志之友
矣。向時尚有抱冲、壽階，今兩君皆先後下世；唯周丈與余，一老
一艾，孳孳於故紙堆中尋活計，可喜亦可憂也。今又得此宋刻，又
多一種，可見好書之心，在書得其所，不論獨有為秘也。余之跋此，
非第感朋友贈遺之厚，且以誌書籍彙聚之難。後之得是書者，幸勿
忽之。

壬申六月十有八日，百宋一廛主人黃丕烈識。（下有「蕘圃」紅字方
印）

考黃丕烈生前所撰藏書題跋甚富贍，且曾編成《百宋一廛書錄》。自其歿後，
讀其題跋而為之輯理者，絡繹有繆荃孫之《蕘圃藏書題識》、《蕘圃刻書題識》，
王大隆之《蕘圃藏書題識續錄》、《蕘圃藏書再續錄》，李文裿之《士禮居藏書
題跋補錄》。二〇一三年八月，上海古籍出版社嘗將余鳴鴻、占旭強二位點校
上述諸書之成果，編理為《黃丕烈藏書題跋集》一巨冊予以梓行。余曾就余、
占點校本書後所附《黃丕烈藏書題跋集書名索引》細加查檢，均無法檢得「黃
丕烈《橘錄》三卷」之題跋，因疑此事固子虛烏有，正如前引小注所云，《橘
錄》書末之丕烈題跋，實乃「書賈偽撰」，用以騙人謀利者。

其後又翻檢北京中華書局一九八八年二月版之清人江標所撰《黃丕烈年
譜》卷下「嘉慶十七年壬申（1181）丕烈五十歲」條所記事曰：

五月十一日，先生五十壽辰，周香嚴以殘宋本《姚少監文集》五卷
為壽。六月十有八日，先生跋。

據此條所記，則丕烈於此年五月十一日收得周香嚴贈送之祝壽禮物實乃「殘宋
本《姚少監文集》五卷」，而非「韓彥直《橘錄》三卷」；故是年六月十八日丕
烈所跋者，亦應為《姚少監文集》，而絕非「《橘錄》」也。是則小注所言「書
賈偽撰」之說，殊非誣矣。

小注又有言及請「參見錢存訓文」一語。考錢存訓教授（1910～2015），
江蘇泰州人，早歲畢業美國芝加哥大學。其後則任該校遠東圖書館館長。著有
《錢存訓文集》（全三冊），蜚聲於時。考小注所指「錢存訓」文，即指錢氏一

九七〇年十月一日撰於芝城之〈英國劍橋藏本《橘錄》題記──海外觀書札記之一〉，其文一九七三年六月發表於臺灣《清華學報》第十卷、第一期，後亦收入錢氏《文集》中。錢氏此文內容博贍，茲擇要以介。文之首段乃記李約瑟所藏《橘錄》一書，云：

> 年前遊歐，在英國劍橋大學李約瑟（Dr. Joseph Needham）教授書簡
> 中，見其所藏罕本《橘錄》三卷，半頁十二行，行二十字，左右雙
> 欄，白口，板心有字，黃紙，金鑲玉裝一冊。書籤題「宋淳熙《橘
> 錄》」，下端有「吳郡文獻展覽會審定孤本之一」方記。書套籤題「宋
> 槧《橘錄》」，有小字注云：「南宋初佳刻，薄紙精印，何義門、黃蕘
> 圃遞藏，並手跋自藏，目罕見，誠宋刊中之逸品也。甲戌七月重裝。」
> 後有「芸洲」圖記。

其文第四段則錄偽黃丕烈題跋全文，而其後下按語，曰：

> 黃丕烈（1764～1825），字紹武，號蕘圃，又號復翁、百宋一廛主人、
> 佞宋主人、求古居主人，為乾嘉間大藏書家。跋中所稱之香嚴即周錫
> 瓚（1741～1819）游塘，號香嚴居士；抱冲即顧之逵（1753～1799），
> 藏書處名小讀書堆；壽階即袁延檮（1764～1810），字又凱，號綏階，
> 齋名紅蕙山房，均吳縣藏書家，與黃丕烈合稱「藏書四友」。

錢氏以上按語，足供解讀偽黃氏題跋者參考。

錢文其後續辨黃氏題跋之偽，謂「此跋既不見《士禮居藏書題跋》及《蕘圃藏書題識》，如此書確經黃氏鑒定收藏，則諸目中不應缺列，而《題跋》亦不應未加著錄」。此段辨說，與余前之所考黃跋之偽可以互補。

錢氏又續考，謂「黃氏之跋似自黃氏所跋《姚少監文集》（見書影七）抄錄而來。不僅詞句幾完全相同，即每字筆畫亦甚少差別。黃跋中缺十餘句，計一百三十八字（見附錄書影七加點各句），均係與《橘錄》無關字句，似有意加以刪除。黃氏原跋見集部十七，如劍橋本之跋係黃氏手蹟，則詞句及筆蹟不應與跋他書所錄者如此雷同」。

以上錢氏詳列證據，所考黃跋之偽均屬精當可信，茲將其文所附書影「七、黃丕烈跋姚少監集」列示於下，俾便讀者參酌。惜書影之字跡與字旁黑點不大清晰，特於繆荃孫輯本《蕘圃藏書題跋》卷七中檢出原文迻錄，俾便兩相比照，以利讀者研閱。至書影字旁之黑點，則改用黑體括號標出，以清眉目。

七、黃丕烈《姚少監集》

〔此書舊藏陸西屏家，為水月亭周丈香嚴所得，余曾借鈔其副。〕壬申五月十有一日，為余五十賤辰，諸親友之以禮物相遺者，余敬謝弗敢拜嘉，而相知中又有以筆墨文玩諸物為贈，則弗敢固辭矣。是書贈自香嚴，〔有札云：「《姚武功集》雖未全，尚是宋版宋印，且有元官印，可寶，奉送聊以當祝，幸哂存之。〕蓋香嚴喜藏書，家多祕本，先余數十年而收藏者，今年已七十外矣，知余有同嗜，故蹤跡甚密。余每購一書，必攜以相質，有須參考者，必往借所藏祕本證之，二十年來，可謂同志之友矣。向時尚有抱冲、壽階，今兩君皆先後下世，唯周丈與余一老一艾，孳孳於故紙堆中尋活計，可喜亦可憂也。

〔其所贈適及是書者，先是西屏家有《劉長卿》、《劉禹錫集》，皆宋刻殘本，皆有「翰林國史院官書」印，為余所得，故以此歸余，俾散者復聚，且稔知余所藏《孟浩然集》、《孟東野集》皆與此本同一板式。〕今又得此，〔唐集〕宋刻又多一種，可見好書之心，在書得其所，不論獨有為祕也。余之跋此，非第感朋友贈遺之厚，且以誌書籍彙聚之難，後之得是書者，幸勿〔以其不全而〕忽之。壬申六月十有八日，百宋一廛主人黃丕烈識。（此文抄自繆荃孫輯本《蕘圃藏書題跋》卷七。）

按：此文黑體括弧內文字，偽黃丕烈《橘錄》題跋均予刪除，用以作偽，錢存訓教授釋之已甚詳。至上海古籍出版社處理此頁文字頗有錯誤，如「蓋香嚴喜藏書，家多秘本」，句逗誤作「蓋香嚴喜藏書家，多秘本」；「余每購得一書」句，衍「得」字；「攜以相質」，句首漏「必」字；又「孶孶」二字，改作「孜孜」。上海古籍出版社有如上校讎之不慎，讀者閱後，殊感失望。

　　以下迻附劍橋本《橘錄》偽黃丕烈題跋影本，並略考芸洲作偽之日期。

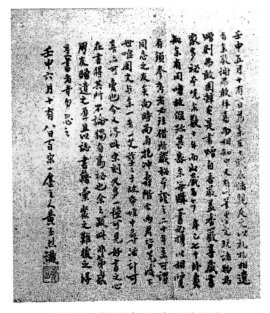

劍橋本《橘錄》偽黃丕烈題跋

七、偽何焯〈橘錄跋〉影本

　　按：此乃偽撰黃丕烈題跋之影本，釋文已見前。錢存訓教授謂《橘錄》一書乃「甲戌七月重裝，後有『芸洲』圖記」，惜不知芸洲為誰氏？惟疑偽題跋即芸洲據丕烈所撰《姚少監文集》題跋而刪成。余據江標《黃丕烈年譜》所載，知丕烈卒於道光五年（1825）八月十三日，則其畢生珍藏之書籍料必絡繹散佚於此年之後。又考道光五年後之甲戌為同治十三年（1874），是則芸洲撰此偽題跋，或應在此年之七月。

　　綜上所考，則所謂黃丕烈撰之《橘錄》題跋，乃出自「芸洲」所偽撰，惟假借丕烈之名，以謀厚利。其事既白，則所謂何焯《橘錄》題跋，錢氏謂為「似自何氏所跋《周賀詩集》（見書影八）」。茲謹將偽何焯《橘錄》題跋影本迻附如下，再作釋文。而何焯所跋《周賀詩集》影本亦附後，影本二幀兩相印證，則所謂何氏〈橘錄跋〉之偽，可不言而喻矣！

釋文：

東海司寇所有宋槧悉為揚州大賈項景原所得。此冊經手人朱生乞以
分潤，後歸憩閑堂主人，予之表舅也。知予嘗購之，因而報贈。壬
辰冬日何焯記於賞研齋。（下有「何焯之印」方記。）

以下再迻附何焯跋《周賀詩集》影本及其釋文。

八、何焯跋《周賀詩集》

釋文：

東海司寇所有宋槧〔唐人詩集五十餘家〕悉為揚州大賈項景原所得。
此冊經手人朱生乞以分潤，後歸憩閑堂主人，予之表舅也。知予嘗
購之，因而報贈。〔籤是王伯穀先生所題云。〕壬辰冬日何焯記於賞
研齋。

按：錢存訓教授就《橘錄》所撰文云：「按何焯（1661～1722），字屺瞻，號茶
仙，學者稱義門先生，長洲人，藏宋元舊鈔甚夥。」錢氏又云：「此書不見何
義門跋中所稱原主東海司寇徐乾學之《傳是樓書目》，如此書確經徐、何諸家

鑒定收藏，則諸目中不應缺列，而《題跋》亦不應未加著錄。」是則偽何焯《橘錄》題跋之為芸洲偽撰，其內容乃刪節自何焯跋《周賀詩集》而成，錢氏所考殆成定讞，足資篤信。前引「八、何焯跋《周賀詩集》」影本之字旁黑點，今釋文改用黑體括號標出，較清眉目。前後二跋影本相較，則芸洲移形換影以作偽之技倆乃無所遁形，其作偽固不難曉悉矣！

綜上所考，則英國劍橋李約瑟研究所東亞科學圖書館所藏宋韓彥直撰《橘錄》一書，其書末署名黃丕烈、何焯之二篇題跋，實皆芸洲所贗撰，此說殆無譌也。

原載《國文天地》第 36 卷第 12 期，2021 年 5 月

四、清末民初著名藏書家楊守敬佚文一篇略述——〈《監本纂圖重言重意互注禮記》跋〉節文

二○二二年四月，家居香江避疫，讀書以消閒愁。偶檢出姜尋先生主編《中國拍賣古籍文獻目錄》四巨冊，其書首冊圖錄之部，收有〈《監本纂圖重言重意互注禮記》卷第一‧曲禮上第一〉書影一幀，另附楊守敬撰該書跋語節文影本。細讀所載圖、文後，深悉二者各具版本學、考據學之文獻價值，用特細意迻錄其影本，而楊〈跋〉則增附釋文於下，以備讀者參證。

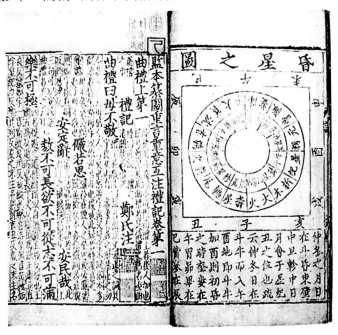

〈《監本纂圖重言重意互注禮記》卷第一‧曲禮上第一〉（圖錄）

楊守敬撰〈《監本纂圖重言重意互注禮記》跋〉（節文）

查考《中國拍賣古籍文獻目錄》所載楊〈跋〉節文影本，其下有附注資料，所記《監本纂圖重言重意互注禮記》之拍賣成交價竟達人民幣一百二十一萬元，茲亦迻錄以備讀者參考。

上海國際商品拍賣有限公司

上海博古齋一九九八年春一二三號拍品

監本纂圖重言重意互注禮記

成交價人民幣一百二十一萬

附注：此拍品為首尾完整的宋版書，為博古齋歷年拍賣之最高價品。

傳承有序，確為難得之物。

而楊〈跋〉釋文亦排列如次：

所見則起於南宋，或謂起於元人者，誤也。余所得《論語》，校以注疏本，大有異同，（今為李木齋所得。）已備錄於《日本訪書志》中，此本亦必與世傳經注本、注疏及陸氏《釋文》大有關係。惜余老耄，不能通校一過，沅叔得此，自當悉心以著其異。蓋鄭氏《三禮》，前輩於《周禮》、《儀禮》多有詳校，而於《禮記》獨略，以世傳《禮記》，除岳本、橅本、注疏本外，無多宋本以互勘也。余在日本所得經書古鈔本至多，惟《禮》自足利本外，只古鈔本一通，俟由上海運書來，當與沅叔對參之。甲寅閏五月十三日，鄰蘇老人記，時年七十有六。

案：細閱此〈跋〉，其文首處應有脫文，姜尋先生如此編理，疑其剪裁之法或有別考。後檢楊守敬《日本訪書志續補》，書中有〈宋刻監本纂圖重言重意互注本《禮記》跋〉，其內容與前列示之楊撰〈跋〉文，不惟頗多異同，而〈跋〉尾所署撰作日期亦較早六天。至其文末所署「鄰蘇老人」，則楊氏別號也。茲不妨將楊撰《日本訪書志續補》之〈跋〉文迻錄，以資比勘，俾悉二篇文字異同，而文中「李木齋」即李盛鐸，「沅叔」即傅增湘。至〈跋〉末署年之「甲寅」，則為清咸豐四年，即西元一八五四年也。

楊著〈宋刊纂圖重言重意互注本《禮記》跋〉全文亦迻錄如下：

> 右《宋刊纂圖重言重意互注本〈禮記〉》，與余所得《論語》款式見《留真譜》者悉同，已別摹待刻，有「毛子晉印」、「玉蘭堂季振宜印」，欄外有橢圓「宋本」印，又有「乙」字方印，蓋於汲古閣藏書為「乙等」也。鄭注之外，全錄陸氏《釋文》，雕鏤之精與《論語》不相上下。避宋諱，唯「敬」字不避，與《論語》亦同，蓋南渡已祧之故也。余所得《論語》，以《注疏》校之，大有異同，已備錄於《日本訪書志》中。此本亦必與世傳經注本、注疏本及陸氏《釋文》大有關係；惜余老不能通校一過，沅叔得此，自當悉心以著其異。蓋鄭氏《三禮》，前輩於《周禮》、《儀禮》多有詳校，而於《禮記》獨略；以世傳《禮記》除岳本、撫本、十行注疏本外，無多宋本足以互勘也。余在日本所得經書古鈔本至多，惟《禮記》除足利本外，僅古鈔一通，俟由上海運來，當與沅叔對參之。
>
> 　　　　　　　　　　　　　　甲寅閏五月七日，鄰蘇老人記。

案：以上見載《日本訪書志續補》之楊氏跋文，雖較刊於《中國拍賣古籍文獻目錄》為詳備；惟二者所署撰作日期不同，則知楊氏此文實有先後二本之異。姜尋先生所取之本，固非取材自楊氏《日本訪書志續補》者。《日本訪書志續補》所載之文撰成在前，《中國拍賣古籍文獻目錄》〈跋〉之影本，則完成在後，蓋後者乃據前者刪補，惜其文不完備，為可惋也。而《日本訪書志續補》所載之篇，則文字有脫略，句讀有誤失，故拙文徵引時已予糾正矣！《中國拍賣古籍文獻目錄》所載楊守敬佚文雖有刪削，然可用以校勘《日本訪書志續補》文章之脫誤，就此以觀之，則其文亦不宜廢棄矣！

又細考楊守敬此佚文，其間提及同時代人物，除楊氏外，尚有李盛鐸、傅增湘。李、傅二人與楊氏同為學術界摯友，畢生精古籍善本收藏。為使讀者對

三人有所認知，特徵引王貴忱、王大文編《可居室藏清代民國名人信札》（國家圖書出版社，2012 年 3 月），該書「作者簡介」所載楊、李、傅生平資料，予以介紹。

楊守敬

楊守敬（1839～1915）字惺吾，號鄰蘇，湖北宜都（今枝城）人。清同治間舉人。清末民初著名歷史地理學家、金石學家、版本目錄學家、書法家和大藏書家。擅書法，楷行隸草篆諸體俱長，行書成就最高。著有《歷代輿地圖》、《平碑記》、《平帖記》、《學書邇言》等。

李盛鐸

李盛鐸（1859～1935）字義樵，又字椒微，號木齋。江西德化人。清光緒十五年（1889）乙丑科榜眼。歷任翰林院編修、國史館協修、順天府府丞、太常寺卿、山西布政司、陝西巡撫等職。一九一二年後，又擔任大總統顧問、參政院議長、國政商榷會長等職。一九一八年任參議院議長，一九二〇年退隱。

傅增湘

傅增湘（1872～1949）字沅叔，別署雙鑑樓主人、藏園居士、藏園老人、清泉逸叟、長春室主人等，四川江安人。清光緒二十四年（1898）進士，選入翰林院為庶吉士。民國時曾入內閣任教育總長。一生藏宋、金刻本一百五十種，四千六百餘卷；元刻本數十種，三千七百餘卷；明清精刻本、抄本、校本更多，總數達二十萬卷以上，是晚清以來繼陸心源皕宋樓、丁丙八千卷樓、楊氏海源閣、瞿氏鐵琴銅劍樓之後又一藏書大家。無論是在藏書、校書方面，還是目錄學、版本學方面，堪稱一代宗主。

綜上所載，楊、李、傅三老之生平，既揚名於政治界、學術界，更是卓絕之藏書家，畢生珍藏宋、元、明善本至富。三人鼎足而立，難以甲乙。就此以觀，三老均足以留芳百代，為後世作楷模，是三人貢獻之鉅，殊難以為言矣！

原載《國文天地》第 38 卷第 5 期，2022 年 10 月

五、葉德輝之一幀墨寶──〈跋《李義山文集箋注》十卷，康熙戊子徐氏刻本〉

葉德輝（1864～1927），字煥彬，號郋園，湖南湘潭人，近代著名藏書家、文獻學家；學問淵博，著作富贍，貢獻卓絕。

余治學與葉德輝墨寶結緣頗早。上遡八年前，臺灣摯友宋緒康建築師從上海拍賣行以高價購得葉德輝〈致孫毓修〉書劄一疊，凡十通，內容多討論時在上海商務印書館編印《四部叢刊》之選書及徵用善本書等事項，書函甚具學術價值。承宋先生慨允，贈送該函影印本，余乃就所得資料，旁參相關文獻，並細加鑽研，乃撰成〈葉德輝《致孫毓修》末刊書劄十通考述〉一文；文末且附葉氏原件影本，俾可化身千萬，示之同好。拙文發表於二〇一二年五月《新亞學報》第三十卷上，最近又將該文收入臺灣花木蘭文化事業有限公司出版之《碩堂輯佚札叢》中，俾廣流布。

月來世界疫症流行，新亞研究所停課，家居讀書消日。偶檢閱北京中貿聖佳二〇一七秋季藝術品拍賣價之《萬卷──古籍善本專場》，書中編號 1230 收有「葉德輝舊藏《李義山文集》十卷（清）徐樹穀箋」書影二頁，另附葉德輝〈跋《李義山文集箋注十卷康熙戊子徐氏刻本》〉墨寶一幀，字為顏真卿體，寫得莊重謹飭，去塵脫俗。得親葉氏手澤，令人怡悅，不禁推譽之為書法家。書影下有編者說明，記述詳實。其書拍賣價為人民幣三萬至五萬元，頗不菲也。

為使讀者詳悉拍賣品推介之狀況，謹將上述材料與葉氏跋文之影本附下，俾便參酌。

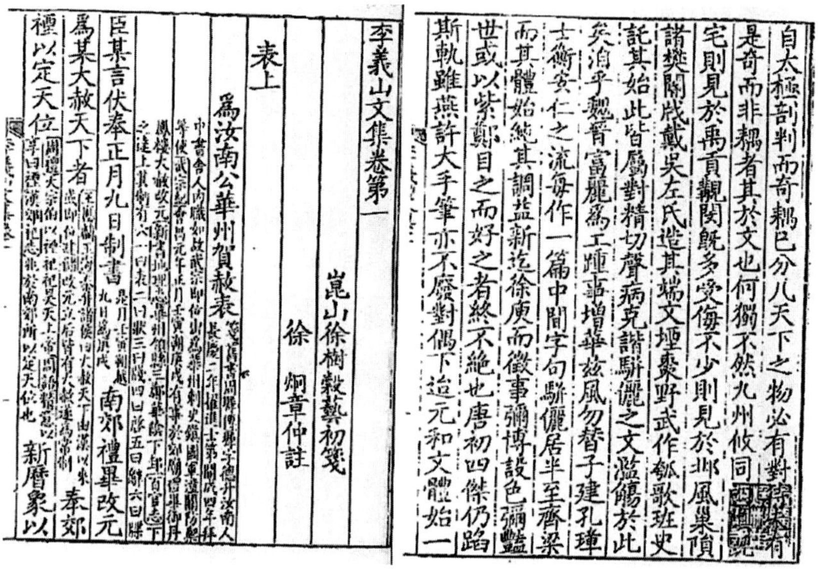
自太極剖判而奇耦已分凡天下之物必有對
是奇而非耦者其於文也何獨不然九州攸同
宅則見於禹貢覲閔既多受侮不少則見於邶風巢隕
諸樊闔戕戴吳左氏造其端文塤棗野武作瓠歌班史
託其始此皆屬對精切聲病克諧駢儷之文濫觴於此
矣洎乎魏晉富麗爲工踵事增華玆風勿替子建孔璋
士衡安仁之流每作一篇中間字句駢儷居半至齊梁
而其體始純其調益新迄徐庾而徵事彌博設色彌豔
世或以紫鄭目之而好之者終不絕也唐初四傑仍蹈
斯軌雖燕許大手筆亦不廢對偶下迨元和文體始一

李義山文集卷第一
崑山徐樹穀藝初箋
徐炯章仲註
表上
爲汝南公華州賀赦表
臣某言伏奉正月九日制書　南郊禮畢改元
爲某大赦天下者　奉郊
禋以定天位　新曆象以

《李義山文集箋註》書影

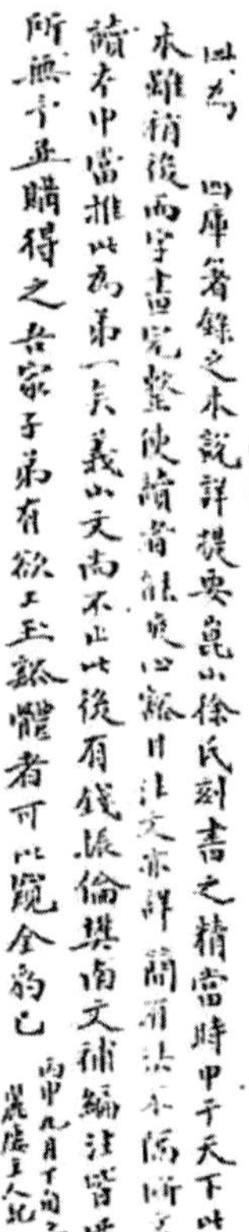
此爲四庫著錄之本說詳提要崑山徐氏刻書之精當時甲于天下此印
本雖稍後而字畫完整使讀者能免目[illegible]注文亦詳簡有法不隨所文[illegible]
讀本中當推此爲第一矣義山文尚不止此後有錢振倫樊南文補編注皆世存
所無予並購得之吾家子弟有欲工玉谿體者可以窺全豹已
丙申九月十[illegible]日
麗廔主人記

葉德輝題跋手跡

萬卷──古籍善本專場

1230
葉德輝舊藏李義山文集十卷 （清）徐樹穀箋

清康熙四十七年（1708）徐氏花溪草堂刻本
合訂1函2冊 竹紙 綫裝
鈐印：葉德輝奐彬甫藏閣書
提要：扉頁葉德輝跋稱「此為四庫著錄之本，詳說提要。昆山徐氏刻書之精，當時甲于
天下，此印本雖稍後而字劃完整，使讀者能賞心豁目。注文亦詳簡有法，不隔斷
文義，讀本中當推此為第一矣。義山文尚不止此，後有錢振倫《樊南文補編注》，
皆此本所無，予並購得之。吾家子弟有欲工玉谿體者，可以窺全豹已。丙申九月下
旬之三日，麗廔主人記」。
著錄：1.《中國古籍善本總目》集部唐五代別集P1216
　　　2.《郋園讀書志》卷七

25.5×16.5cm
RMB: 30,000-50,000

至葉跋之釋文，茲亦加以句讀，詳載如次：

> 此為《四庫》著錄之本，說詳《提要》。昆山徐氏刻書之精，當時甲
> 於天下。此印本雖稍後，而字畫完整，使讀者能爽心豁目；注文亦
> 詳簡有法，不隔斷文意；讀本中當推此為第一矣！義山文尚不止此，
> 後有錢振倫《樊南文補編注》，皆此本所無，予並購得之。吾家子弟
> 有欲工玉谿體者，可以窺全豹已。
>
> 丙申九月下旬之三日，麗廔主人記。

案：上引德輝題跋墨寶，其原件本黏貼於《李義山文集》扉頁。至葉氏所
用之書乃其舊藏，此觀書影右下角鈐有「葉德輝奐彬甫藏閣書」篆體白文方印
即可為證。其書版刻為清康熙四十七年戊子（1708）徐氏花溪草堂刻本，由徐
樹穀箋、徐炯注。跋所署之徐氏乃昆仲二人，名家子。有關徐氏兄弟行實，考
商務印書館版、臧勵龢等編《中國人名大辭典》「徐樹穀」條載：

> 徐樹穀，清乾學子。字藝初，康熙進士。官至監察御史，與弟同撰
> 《李義山文集箋注》。

此條所記言簡意賅，從中可藉悉徐氏兄弟宦歷及此書撰作情事；而條中之「乾
學」，乃康熙名臣，藏書極富，著有《傳是樓書目》，並助納蘭性德編《通志堂
經解》者。

至葉跋文中則盛推徐刻之精，謂其書「字畫完整，使讀者能爽心豁目」；
而箋注文字「亦詳簡有法，不隔斷文意」；跋語又謂在《李義山文集》眾多讀
本中，「當推此為第一矣」。鄙意葉跋褒譽此書甚隆，然皆不離事實。其跋署年
為「丙申九月下旬之三日」，即清德宗光緒二十二年（1896）九月廿三日，時

德輝僅三十三歲。跋末所署「麗廔主人」，乃葉氏另一別號也。

又案：余其後嘗細參《萬卷——古籍善本專場》為此拍賣品所撰資料，發現編者於葉跋釋文之認字訛誤頗多。如「說詳」作「詳說」，「崑山」作「昆山」，「字畫」作「字劃」，「爽心」作「賞心」，「文意」作「文義」；其間有倒乙者，有錯辨者，多與原文不相吻合。場刊所撰資料如斯誤導讀者，確屬不負責任，良難令人接受也。

至余初得讀葉氏此跋，即翻查華東師範大學二〇一〇年十二月印行之《葉德輝文集》；又檢閱中國人民大學出版社二〇一五年三月出版之《王先謙‧葉德輝卷》，上引二書均不見收及此文，頗以為跋乃葉氏佚文，且竊自喜。其後再檢臺灣明文書局民國七十九年（1990）十二月影印出版之《郋園讀書志》，其書卷七有「《李義山文集箋注》十卷康熙戊子徐氏刻本」條，其條所撰讀書志文字，與葉氏此墨寶全同，始疑墨寶乃抄自《讀書志》。惟進一步細加考慮，則認為更有可能乃葉氏先撰墨寶，然後用之於《讀書志》。蓋墨寶寫成於光緒二十二年（1896），而《郋園讀書志》則成於德輝暮歲，其書且迄葉氏卒後之民國十七年（1928）始刊行於世。故讀者無妨翻檢《郋園讀書志》，用與墨寶相考究，而後裁奪兩者寫成之先後。

葉德輝乃晚清著名版本目錄學家，所撰《書林清話》、《郋園讀書志》、《觀古堂書目》等書，最負盛名而令人歆慕。余前既發表〈葉德輝《致孫毓修》未刊書劄十通考述〉，文中揭示葉氏協助商務印書館出版《四部叢刊》之貢獻；茲又再撰此文以談其墨寶，其事可謂有幸得與麗廔主人續結翰墨緣矣！

原載《新亞論叢》第 20 期，2012 年 12 月

六、《陳垣來往書信集》拾遺又一通
——〈致李濟書〉

陳垣先生（1880～1971），字援庵，廣東新會人，當代史學大師級人物。其文孫陳智超教授編注《陳垣來往書信集》，北京三聯書店初版於一九九〇年，計收致他人書信三百七十五通，他人來信八百九十二通，共計一千二百六十七通。二〇一〇年，北京三聯書店又出版該書之增訂本，新增致他人書信四百六十七通，他人來信一百八十通；另有陳垣先生批復家書一百二十五通，三者合計二千〇三十九通。蒐求所得已屬豐碩，惟陳智超教授於〈增訂本前言〉文末仍曰：

> 援庵先生的來往書信，歷經滄桑，大部份散失了，但就我所知，仍
> 然有相當數量留存人間，我希望收藏者能將它們公之於世，使大家
> 能共用這份寶貴的文化財產。（陳智超編注，《陳垣來往書信集》，北
> 京市：三聯書店，2010 年，頁 10）

陳智超教授以上推判不誤。年前余有幸，得讀《陳垣來往書信集》佚收之 1950 年大暑〈致王樹聲書〉，用以撰成〈《陳垣來往書信集》（增訂本）拾遺一通〉，發表於《香江藝林》第二期（2011 年 12 月），後收入拙著《何廣棪論學雜著續編》中。（何廣棪著，《何廣棪論學雜著續編》，新北市：花木蘭文化事業有限公司，2018 年，頁 219～222）

余近遊臺北，購得泰和嘉成拍賣有限公司《2015 年秋季藝術品拍賣會影像、手跡、版畫專場圖錄》一冊。其書編號八三八收有「陳垣信札」紙本一頁，下附「作者簡介」云：

陳垣（1880～1971），廣東新會人，字援庵，中國歷史學家、宗教史學家、教育家。歷任輔仁大學、北京師範大學、燕京大學「哈佛・燕京學社」首任社長。

以上所載「簡介」，足供知人論世。「陳垣信札」讀後，乃悉為「致李濟書」。此函《陳垣來往書信集（增訂本）》失收，且《書信集》亦未收得李濟先生任何書函，故此函顯得特別珍貴。茲將佚函影本公開，而釋文附下，以資讀者研閱。

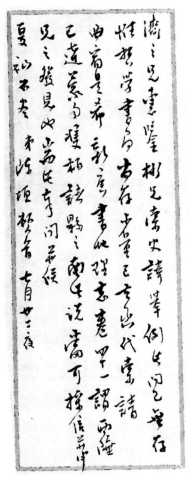

陳垣信札

釋文：

濟之兄惠鑒：彬兄索《史諱舉例》，此間已無存，惟哲學書局尚存少量，已去函代索，請　曲宥是希。《新唐書・地理志》卷四十一謂西

陸已達蒙自、雙柏諸縣之南。此說當可採信，並申　兄之發見也。

尚此奉聞，並候

夏祉不盡　弟　陳垣頓首　七月廿二日夜

案：此函未繫年份，乃垣老致李濟先生者，其撰年俟考於後。有關李氏生平，上海辭書出版社《中國人名大詞典・當代人物卷》一九九二年十二月第一版載：

> 李濟（1896～1979），考古學家。湖北鍾祥人。字濟之。一九一八年畢業於清華學校。一九二三年獲美國哈佛大學研究院人類學研究所人類學博士學位。曾任中研院歷史語言研究所考古組主任兼研究員、清華大學教授、中央博物院籌備處主任、中研院院士。一九四八年到臺灣，歷任臺灣大學教授兼考古人類學系主任、中研院歷史語言研究所所長。曾參與殷墟及其他歷史遺址的發掘研究工作。著有《西陰村史前的遺存》、《殷墟器物》、《安陽發掘史》等。

據是，則濟之先生之學術成就甚鉅大，尤於考古發掘業績上卓有貢獻。

至此函函首之「彬兄」，未知何許人？希識者賜告。而「彬兄」所索《史諱舉例》一書，則為垣老一九二八年所撰談避諱之專書。〈史諱舉例序〉開宗明義曰：

> 民國以前，凡文字上不得直書當代君主或所尊之名，必須用其他方法以避之，是之謂避諱。（陳垣著，《史諱舉例》，上海市：上海書店出版社，1997 年，頁 1）

〈序〉末又曰：

> 茲編所論，以史為主，體裁略仿俞氏《古書疑義舉例》，故名曰《史諱舉例》。為例八十有二，為卷八：第一避諱所用之方法；第二避諱之種類；第三避諱改史實；第四因避諱而生之訛異；第五避諱學應注意之事項；第六不講避諱學之貽誤；第七避諱學之利用；第八歷朝諱例。凡八萬餘言。意欲為避諱史作一種結束，而使考史者多一門路一鑰匙也。（陳垣著，《史諱舉例》，上海市：上海書店出版社，1997 年，頁 2）

讀之，足知垣老此書之基本內容與用途。至其書之研究方法，則取效俞氏《古書疑義舉例》。〈序〉中所言之「俞氏」，乃指清末考證學殿軍俞樾曲園先生也。

回觀垣老函中曾云：

> 《新唐書・地理志》卷四十一謂西陸已達蒙自、雙柏諸縣之南。此

說當可採信，並申兄之發見也。

案：余據此說一再翻檢《新唐書·地理志》卷四十一，均未見載唐代「西陲已達蒙自、雙柏諸縣之南」等內容，恐垣老於書名、卷數實有所誤記也。余嘗檢讀垣老撰《史諱舉例·重印後記》，其自謂：「是書為1928年紀念錢竹汀先生誕生二百周年而作，當時急於成書，引書概未注卷數，引文又未加引號，讀者以為憾。」足證垣老治學，亦偶有失矜慎者。

至垣老謂《新唐書·地理志》所載可申李濟之發見。余因翻檢李光謨撰《李濟先生學行紀略》「一九四二年四十六歲」條，其上有載：

> 先生參與主編之《雲南蒼洱境考古報告》作為《中博專刊》乙種之一出版。（李光謨撰，《李濟先生學行紀略》，上海市：上海人民出版社，2006年。收入《李濟文集》）

讀後頗疑垣老所言《新唐書·地理志》可申李濟之發見，其實乃李濟於《雲南蒼洱境考古報告》中有此一說，而垣老誤記為《新唐書·地理志》有記載耳。惜香港無緣得見《雲南蒼洱境考古報告》原書，無以核實此疑。

又據李光謨《李濟先生學行紀略》「一九四一年四十五歲」條，謂李濟於此年受聘為中央博物院第二屆理事，故得以參與主編《中博專刊》乙種之一。（李光謨撰，《李濟先生學行紀略》，上海市：上海人民出版社，2006年。收入《李濟文集》）如據上述諸條資料，用以推判垣老〈致李濟書〉之撰年，或可訂其函最早乃寫於一九四二年七月廿二夜，惟不得遲於一九四三年七月廿二夜也。

綜上所述，余先後輯得陳垣先生佚函二通，其先為〈致王樹聲書〉，後又發現〈致李濟書〉。茲二函先後得以揭之於世，則不惟可用以紀念垣老及響應智超教授年前之號召，而余輯佚一事，庶亦有裨益於學術探研也。

原載《國文天地》第35卷第6期，2020年11月

七、《陳垣來往書信集》（增訂本）
拾遺第三通——〈致周肇祥札〉

　　陳智超教授於二〇一〇年十一月，由北京三聯書店出版乃祖《陳垣來往書信集》（增訂本）。該書凡分「致他人書信」、「他人來信」、「陳垣先生批復家書」三類，合計收書函二千〇三十九通。用力至勤，蒐求最為繁富；然拾遺補闕，猶須俟諸後人。

　　余性嗜輯佚，年來頗受智超教授號召，嘗試為《陳垣來往書信集》補遺拾闕，前後成文二篇。首篇為〈《陳垣來往書信集》（增訂本）拾遺一通——致王樹聲書〉，發表於二〇一一年十二月《香江藝林》第二期；次篇為〈《陳垣來往書信集》（增訂本）拾遺又一通——致李濟書〉，發表於二〇一九年十一月臺北《國文天地》第卅五卷第六期。上述二文即將收入拙著《碩堂輯佚札叢》中，本年十一月由臺灣花木蘭文化事業有限公司刊行面世。

　　月前，於香港銅鑼灣商務印書館門市部購得大象出版社二〇一九年十二月、由楊健編著之《民國藏書家手札圖鑑》，其書頁一六一收有陳垣〈致周肇祥札〉。回檢家藏《陳垣來往書信集》（增訂本），書中頁二六三雖收有一九二五年七月四日周肇祥來函與陳垣一九二五年七月五日往函，然未見此札。故知此札乃《陳垣來往書信集》（增訂本）失收之書函也。

　　茲謹將陳垣〈致周肇祥札〉原件影本附上，而釋文附下，用資讀者研閱。

　　釋文：

　　養庵先生大鑑：屬題〈籯鐙紡讀圖〉，遲遲交卷，為罪。《茆溪字卷》謹先　珍覆。據羅撰〈塔銘〉，茆溪是博羅人，尊跋潮陽市，想係筆

誤。拙撰《釋氏疑年錄》一部呈請備檢。專此即候

起居不一

弟陳垣謹上　十一月廿二日

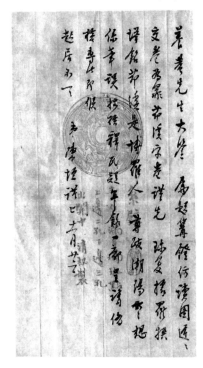

案：有關周肇祥之生平，《陳垣來往書信集》（增訂本）有陳智超教授所撰簡
介，曰：

> 周肇祥（1880～1954），字養庵，浙江紹興人。曾任臨時參政院參政、
> 北京古物陳列所所長。（頁161）

上引所載材料微嫌脫略。因檢徐友春等編一九九一年河北人民出版社刊行
《民國人物大辭典》，其書頁五三三有「周肇祥」條，茲剪裁相關資料，增補
如下：

> 周肇祥（1880～1954），字養庵，浙江紹興人。一八八〇年（清光緒
> 六年）生。清舉人。畢業於京師大學堂、法政學校。……一九一二
> 年加入統一黨，後轉為進步黨。……一九一五年十一月，授上大夫
> 加少卿銜。……一九二五年七月，為臨時參政院參政，後任北京古
> 物陳列所所長。晚年從事繪畫，任東方繪畫協會幹事、委員，在北
> 京主辦中國畫學研究會。一九五四年逝世，終年七十四歲。著有《游

山》、《山游訪碑目》、《遼金元古德錄》、《虛字分類疏證》、《覆輯錄
莊教館金石目》、《遼文拾》、《寶觚樓金石目》、《寶觚樓雜記》、《重
修畫史匯傳》、《遼金元官印考》、《石刻匯目》、《畫林勸鑑錄》、《退
翁墨錄》等。

據上述所補資料，則知周氏早歲從政，晚年好古物，擅繪畫，先後改任北京古
物陳列所所長、東方繪畫協會幹事及委員，著作富贍。陳援庵先生〈致周肇祥
札〉，應寫於周氏晚年擅繪畫之時；函中屬題之〈籌鐙紡讀圖〉，疑為周氏所繪，
用以紀懷母氏或妻室者。另所提及之〈茚溪字卷〉，於「茚溪」為誰氏？援老
函中未明道及，僅謂茚溪乃博羅人，非潮陽人，以指正周氏筆誤，並寄贈所撰
《釋氏疑年錄》，用備周氏查檢。考《釋氏疑年錄》卷十二（頁442）載：

> 杭州圓照　溪行森
>
> 惠州博羅黎氏，《廣東通志》誤作「茚溪」。清康熙十六年卒，年六
> 十四（1614～1677）。《五燈全書》八一無年歲，今據《揞黑豆集》
> 八，《正源略集》四及語錄附羅人琮撰〈塔銘〉。

綜上所載，則援老函中之「茚溪」，即「杭州圓照　溪行森」，其人姓黎氏，惠
州博羅人，乃粵籍高僧兼書法家，有《茚溪字卷》行世。函中所言「據羅撰〈塔
銘〉」，即指語錄所附羅人琮所撰〈塔銘〉。有關行森行誼之詳情，似猶可檢考
上海辭書出版社一九九九年十一月刊行震華法師遺稿《中國佛教人名大辭典》
「行森」條（頁232），惟原文過長不備引，研究有需要者可自行查閱。至周氏
歿後，其所珍藏之《籌鐙紡讀圖》與《茚溪字卷》已不知流落何方？讀者如知
悉者，祈不吝　賜示，俾匡不逮。

　　《陳垣來往書信集》（增訂本），余近十年來就之以拾遺補闕，茲得者乃第
三通，均用作響應陳智超教授之呼籲。他日，三聯書店再版此書時，希為垂注，
並予補遺是盼。

　　陳垣教授乃當世著名教育家與學者，畢生育人無數，著作等身，與陳寅恪
教授合稱「史學二陳」，享譽國際，貢獻極鉅。今年乃援老一百四十歲誕辰，
特恭撰蕪文，虔以奉上，用表欽仰與紀念之忱。

原載《國文天地》第 36 卷第 7 期，2020 年 12 月

八、陳寅恪教授致馬士良佚函
一通略考

　　陳寅恪教授（1890～1969）學殖甚富，著作等身，蜚聲國際。其逝世後，北京三聯書局於二〇〇一年六月出版《陳寅恪集》，此書第九種為《書信集》，凡收四十七家書函，其中亦收及四十五年前拙著《陳寅恪遺詩述釋》中所揭示之〈致劉祖霞〉一通，載《書信集》頁二八一至二八二。故該書蒐求書函頗豐富，然未免仍有遺漏。余近從 Google 檢得中國嘉德二〇一二年首場拍賣資料，其「古籍專場・書札類」收有近世馬士良藏札曰《陳寅恪、啟功等書札》者，內收陳寅恪、豐子愷、陳垣、啟功、朱家溍、王世襄、徐森玉、史樹青、洪鎔、唐玉書、陶心如、曹鐵如、龍麟振、馬振彪、許修直等名家書札凡十餘通。資料固甚珍貴，惜多已被分散拍賣，今已不知花落誰家矣！後幸藉 Google 檢索，余獲得陳寅恪教授致馬士良原函影本，該函《書信集》失收，乃佚函也。茲謹將原作影本迻錄於前，而其釋文附後，俾便讀者研閱。

　　釋文：

簫雲世先生左右：昨奉　手教並宣紙一張，敬悉一切。寅本不工書，兩目失明，中外奔走又數萬里，去歲股骨斷折，仍未痊癒。職是之故，　來示所言，不敢承命，尚希　鑒原。昔年曾偕鄧伯誠先生造訪　尊府，參觀　令伯大人所藏佛經，因獲見　尊大人，暢領　教益，至今引為榮幸。然此事不覺匆匆已五十載矣！殘癈餘生，老而不死，忽蒙　存問，感愧無極。　先生年來點勘古籍必大有貢獻也。專此奉復，宣紙璧還，乞　察收為荷。敬請

撰安

寅恪敬復　六三年十月廿八日心安先生處請　代致意。

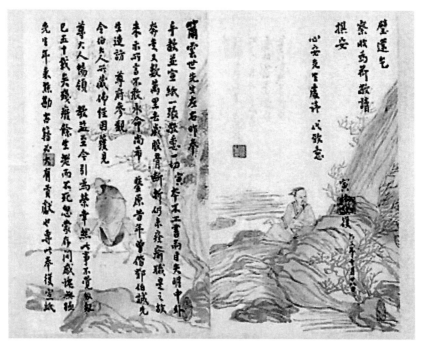

案：寅恪教授此函，函首所稱之「籋雲世先生」，即指馬士良；「籋雲」，其別
字也。有關馬士良之家世，士良乃紹英之子。紹英生平，附見《清史稿》卷三
百七十五、〈列傳〉一百六十二「昇寅」一條，相關史料載：

　　昇寅，字賓旭，馬佳氏，滿州鑲黃旗人。……子寶琳，……寶珣。……

　　孫紹祺，……紹誠，……紹英，宣統初，度支部侍郎，內務府大臣。

據是，則知紹英乃昇寅第三孫，其長兄紹祺，次兄紹誠。再檢 Google 所示資
料，又知紹英字越千，光緒時曾任商務右丞，乃出洋考察憲政五大臣之一，頗
得宣統信任，後且擔任內務府總管；撰有《紹英日記》，其書內容豐贍，對研
治晚清史事甚有參考價值。至士良，又稱世良，晚歲曾整理其父《紹英日記》，
甚能珍惜父書，克紹箕裘。士良歿後，其子延玉將《紹英日記》送呈政府，確
保其書得以流傳後世，殊恰當也。檢 Google「陳寅恪遺札中的『心安先生』清
華校友網」條有稱紹英之兄為「紹彝」者，或《清史稿》記載有漏略也。

　　又案：寅恪函中提及之人物，除士良外，另有四人，以下略作介紹。

　　一、「鄧伯誠」，乃鄧秉鈞之別號，其人又名鄧高鏡，北京大學哲學系講
師，擅佛學，生於一八八一年，較寅恪約長十歲。

二、「令伯大人」，即指紹彝。寅恪一九一五年曾偕鄧伯誠拜訪紹彝，並參觀其珍藏佛經。

三、「尊大人」，即指紹英，寅恪拜訪紹彝後，並獲紹英接見，暢領其教益。

四、「心安先生」，乃指鄧新安，伯誠之弟。「心安」、「新安」，國語讀音相同。心安亦精佛學，曾撰〈佛教之原理有益於人世〉演說稿，載於早期之《佛學叢報》；又於一九一八年在上海拜見印光法師，一九一九年曾致函太虛法師，故心安其時於佛教界頗露頭角。士良與心安應常相往還，故陳寅老於函中請代為致意。

寅老此函撰於一九六三年十月二十八日，則其時已年屆七十四歲。不意於晚年竟屢遭不幸，既「兩目失明」，又「股骨斷折」，生活甚不方便，且痛苦不堪；故其於函中乃作「殘癈餘生，老而不死」之哀鳴。

讀斯八字，直是一字一淚，令人坐立不安，心如刀割。噫！天胡此醉，竟不祐其善人，可痛也。寅老稱不工書，又雙目失明，故不敢允士良題字之請，乃退還宣紙。其實寅老此函，亦倩其夫人唐篔代筆，非寅老真跡也。

有關陳寅老之佚函未被收入《書信集》中者，相信仍不少。余當繼續留意蒐尋，一有所得，即撰文介紹，俾與同好者共欣賞、互探研。

原載《國文天地》第 37 卷第 6 期，2021 年 11 月

九、陳寅恪教授另一佚文考述——
〈敦煌本《太公家教》書後〉

　　余齡屆卅餘，即隨恩師羅香林（元一）教授研究陳寅恪先生之學術，先後發表〈陳寅恪先生事蹟及其著述拾遺〉、《陳寅恪先生遺詩述釋》、《陳寅恪先生著述目錄編年》、《陳寅恪先生論文集補編》等論著，頗受學壇注目與李璜、吳其昱二位教授推譽。由是備受激勵，更知奮勉。其後余轉而專注古今學術名家論著之輯佚，早歲嘗輯得陳寅恪〈致劉祖霞醫師〉書函一通，該書函未被蔣天樞教授收入一九八〇年上海古籍出版社刊行之《陳寅恪文集》；而延至二〇〇一年，北京三聯書店出版《陳寅恪集》，始由陳寅老三女兒陳美延女士從拙著中得以檢出，遂收入《陳寅恪集》第九種《書信集》內。前年，余又輯得寅老致馬士良佚函，用以撰就〈陳寅恪教授致馬士良佚函一通略考〉，發表於臺北市《國文天地》二〇二一年十一月號，第三十七卷第六期。寅老此函亦未被收入前揭示之《陳寅恪文集》與《陳寅恪集》。讀者倘熱愛研閱寅老佚文者，無妨翻檢《國文天地》刊載之拙文，細意研閱，用資攻錯。

　　近又有幸，得讀寅老佚文另一篇，該文附載於《歷史研究》二〇〇四年第四期張新朋先生所撰陳寅恪佚文〈《敦煌本〈太公家教〉書後》考釋〉中。（以下簡稱〈考釋〉）寅老此佚文，臺、港學者鮮得而讀之，故臺、港研究寅老學術者多未提及該文，用特剪裁寅老佚文於下，並加考述，以資紹介。

　　張新朋〈考釋〉列示之寅老〈書後〉，凡四頁，茲先影印以為推介。惟佚文影本甚不清晰，不得已仍另行抄列其內容，並略附拙撰案語於下（見下頁圖一），俾讀者知悉鄙見。

圖一

寅老佚文凡分四大段，其第一大段謹抄列如次：

《敦煌本太公家教》一卷，王靜安先生國維為之跋，極詳審。（見《觀堂集林》卷二十二及《鳴沙石室佚書》附刊提要）王靜安先引王明清《玉照新志》三云：

太公者，猶曾高祖之類，非渭濱之師臣明矣。

靜安先生復識其後云：

卷中有云：「太公未遇，釣魚水。（原注「水」上奪「渭」字。）相如未達，賣卜於市。□（此處原文為方框「□」）天居山，魯連海水。孔鳴盤桓，候時而起。」書中所使古人事止此，或後人因是取「太公」二字冠其書，未必如王仲言「曾高祖」之說也。

寅恪案：卷中使古人事者實不止「太公」一條。在「太公」條前者，有「只欲揚□（此處原文為方框「□」）後代，復無晏嬰之機。」及「唐虞雖聖，不能化其明君；微子雖賢，不能諫其暗君；比干雖惠，不能自免其身。」在「太公」條後者，有「孟母三移，為子擇鄰。」等條，皆使古人事者。假如靜安先生之說，後人何故獨取其中「太公」一條之首二字冠其書，此理未喻。又靜安先生意謂此書名之「太公」，實指太公望言。

案：寅老此段文字，主要闡說王國維跋語。寅老並謂王氏徵引南宋王明清《玉照新志》，指書名「太公」二字，乃喻「曾高祖之類」，而非單指姜太公一人。寅老復謂王氏言《太公家教》書中，其所使用古人史事，上及太公、司馬相如、□天、魯連、孔鳴諸位，惟後人則僅取「太公」二字冠此書，而所釋「太公」，亦未必如王明清所言乃指「曾高祖之類」也。寅老續下案語，則暗指王國維跋語有錯訛，蓋《太公家教》書中使用古人史事，實不止上述「太公」等五人，其後尚涉及「晏嬰」等人，足證書名之「太公」，非僅指姜尚一人。故寅老對王氏此說則不以為然，故於其下遂有「此理未喻」之評說。蓋《太公家教》文中於「晏嬰」、「唐虞」諸聖、「徽子」（應作「微子」）、「比干」、「孟母」諸人之事蹟亦所涵及，是以寅老頗贊成王明清《玉照新志》「太公者，猶曾高祖之類，非渭濱之師臣明矣」之說，而不贊成「太公」二字，僅用以指姜尚一人。其實王國維文中引列之古人姓名亦頗有筆誤，如「孔明」誤作「孔鳴」，「微子」誤作「徽子」，敦煌卷子有如上譌字，蓋抄寫者或因同聲字而錯，或文字形近而誤。惟王氏仍照卷子徵引，而對其中錯訛未予指正，斯則屬智者治學因過信原件所記而產生之微瑕，吾人似不宜厚責之也。

寅老佚文第二大段，茲續抄列如下：

《四庫全書總目提要》卷一百十七、〈子部‧雜家類〉——《顏氏家訓》條云：陳振孫《書錄解題》云：「古今家訓以此為祖。」（見《陳氏書》卷十、雜家類）然李翱所稱《太公家教》雖屬偽書。至杜預《家誡》在前久矣，特之推所撰卷帙較多耳。

據此，可推知館臣之意雖與靜安先生不同，而以太公為太公望則無二致。且列舉此書與《家誡》、《家訓》並論，是以「家教」二字為一名詞，而讀作「太公之家教」也。然此書乃刺取舊籍聯綴成文，實一格言熟語之彙集。其中偶有涉及齊家之語，不過就教育男女分別

立言而已，絕非垂訓子孫之專書也。「家教」之名雖亦可通，按諸內
容究嫌不切，疑其命名取義尚有不止於是者。

案：寅老此段文字，乃徵引紀昀《四庫全書總目・顏氏家訓》條立說，意
謂顏之推《家訓》乃「古今家訓以此為祖」之書。其說實據陳振孫《直齋書錄
解題》卷十、〈雜家類〉「《顏氏家訓》」條。至論家訓類之書，王國維則以晉人
杜預撰《家誡》為最早，而北齊顏之推《顏氏家訓》次之，唐李翱所稱《太公
家教》又次之，因而寅老遂有「至杜預《家訓》在前久矣」之判斷。又紀氏與
王國維均以為「太公」二字乃僅指姜尚，並將《太公家教》與《家誡》、《顏氏
家訓》三者並論，是則紀、王二氏均視「家教」為名詞，寅老乃認為紀、王二
人均將《太公家教》四字，解為「太公之家教」，殆指父祖之教育男女，分別立
言，殊非視「家教」為垂訓子孫之專書。寅老認為倘將「家教」視作專書，「按
諸內容究嫌不切」，故疑《太公家教》之命名取義，尚有不止於上述者。

寅老佚文，其第三大段，續抄列如下：

考唐義淨譯《根本說一切有部苾芻尼毘奈耶》卷五云：

云何十種私通？謂十人所護。父護、母護、兄護、弟護、姊妹護、
太公護、太家護、親護種護、族護、王法護。

《攝頌》曰：十種謂父母，兄弟及姊妹，太公與太家，親種族王法。

（上略）云何太公護？若女人，父母宗親並皆亡歿；其夫疾患，或
復癲狂；流移散失，依太公住。太公告曰：「新婦！汝可歡懷於我邊
住！我憐汝，念汝，如觀己子。」太公即便如法守護，是名太公護。

太家護亦然。

案：寅老此段所述，乃引自唐義淨譯《根本說一切有部苾芻尼毘奈耶》卷
五，以釋「十種私通」。

考私通二字，《康熙字典》〈午集・禾部〉二畫載：「《釋名》：『私，恤也，
所恤念也。』《後漢百官志》：『私，便也。』《左傳》襄十五年：『師慧通宋，
朝將私焉。』注：『謂小便。』」是「私」字作方便解。《康熙字典》〈酉集下・
辵部〉七畫另載：「通」字，其注曰：「凡人往來交好曰通。」是「通」字作
「交好解」。綜上所引則「私通」之意，可釋作方便交好。是則義淨《根本說
一切有部苾芻尼毘奈耶》首句「云何十種私通」，其意殆指十種方便交好之法。
此語亦即言「十人所護」。「十人所護」，計為：父護一也、母護二也、兄護三
也、弟護四也、姊妹護五也、太公護六也、太家護七也，親護種護八也、族護

九也，王法護十也。至其所言「太家護」，即指母護，惟其「家」字通「姑」，不讀「家」，即太姑護。又《康熙字典》「宀」部七畫載：「家，又與姑同，太家，女之尊稱，漢曹世叔之妻班昭稱太家，即超妹。」是此「家」字通姑，讀作「姑」始合。

又案：此處所引「義淨」一名，商務印書館版臧勵龢等編《中國人名大辭典》載：「唐高僧，一作淨義，范陽張氏子，字文明。咸亨初往西域，徧歷三十餘國。經二十五年，求得梵本四百部歸，譯之。」咸亨，唐高宗李治（670～674）年號。又考：上海辭書出版社有震華法師遺稿《中國佛教人名大辭典》，其書著錄有「義淨」（635～713）」條，所記資料較商務本條更詳盡，需要參考者無妨翻檢。

寅老佚文，其第四大段，仍抄列如下：

宋贊寧《高僧傳》卷一〈義淨傳〉載其卒於唐玄宗先天二年，（西曆七一四年）年七十九。是其生年為太宗貞觀九年。（西曆六三五年）李習之〈答朱載言書〉既引《太公家教》為喻，則其書於唐之中葉必已流行。據此推其著作年代，當不能後於唐初。義淨所生之時適與相值，其譯佛經蓋兼采當時習用之語。此書標名之義，即可藉以印證，不必廣徵不同時代之語言以相比傅，轉致糾紛迷惑，無所折衷。然則當時呼夫之父母為太公太家，當亦為老翁老嫗之通稱。「太公家教」者，或亦可釋為「太公及太家之教言」，即「老生常談」之謂。若依此為解，然後此書題名與其內容始相符合，並可見王仲言所說雖頗近似，仍有未諦。而諸家俱以「家教」二字為聯語，疑皆不得此「家」字之義者也。故舉義淨譯經之文以資參證，固未必即為典據，要足為讀是書者備一別解。或者「太公」二字，可依義淨譯作語老翁之解。而「家教」二字則仍聯讀。書名標題之意，即篇首所謂「為書一卷，助幼童兒」者，殆與「蒙求」、「幼學」之名同類歟？此書自來館閣、私家均未著錄，其命名取義亦解說紛歧，茲並列異說，以俟博雅君子論定焉。

案：寅老此段闡述，先根據宋贊寧《高僧傳‧義淨傳》所載傳主生卒年，用以推證《太公家教》作年，乃考得此書於「唐之中葉必已流行」，進而推知其書著作年代，則「當不能後於唐初」；又因義淨生時適與《太公家教》版行相值，故義淨漢譯梵文佛經，且兼采唐初習用之語，而《太公家教》標名之義，

則「當時呼夫之父母為太公太家」，此「太公太家」當亦為「老翁老嫗」之通稱。是則「太公家教」者，殆可釋為「太公及太家之教言」，亦即「老生常談」之謂。若依此為解，則此書題名方與其內容相符合，並可見王明清《玉照新志》「太公者，猶曾高祖之類，非渭濱之師臣明矣」之說，雖頗近似，而仍有未諦也。惟後來諸家俱以「家教」二字為聯語，疑皆不得「家」字之義。寅老佚文中，舉義淨譯經以資參證，並謙稱其所考得「固未必即為典據，要足為讀是書者備一別解」，是知寅老識見圓融，處事謙虛，其於書名「太公」，乃依義淨譯作老翁解，而「家教」則仍聯讀，是則此書書名標題之意，亦即篇首所謂「為書一卷，助幼童兒」之義，是乃《太公家教》之書，殆與「《文字蒙求》」、「《幼學瓊林》」等同類矣！由上述觀之，寅老終視《太公家教》為教授童蒙之書籍，而不釋為太公、太家之教導，殆可知之矣！

有關陳寅恪教授〈敦煌本《太公家教》書後〉一文，余所撰考述已如上述。至寅老所撰〈書後〉所以成為佚文之原因，據陳美延及寅老弟子蔣天樞、卞僧慧二位教授意見，咸以為寅老舊作難稱其心意，故未予發表，因此〈敦煌本《太公家教》書後〉其後亦未得被收入《文集》與《集》中。至張新朋先生撰〈陳寅恪佚文《敦煌本〈太公家教〉書後》考釋〉，則謂〈書後〉一文，寅老未嘗發表，僅被收入上世紀三〇年代其在清華大學授課時所用講義《敦煌小說選讀》中，張新朋二〇〇三年九月託友人胡文輝從北京孔夫子舊書網購得一冊，此講義乃前清華大學學生畢樹棠舊藏。講義凡收文章十二篇，其第十篇乃〈敦煌本《太公家教》書後〉，張新朋用以撰成〈考釋〉，並發表於《歷史研究》二〇〇四年第四期。由是寅老所撰〈書後〉，乃得以廣傳於後，斯皆張新朋先生之貢獻也。

嗣後，余仍會留意並用心於寅老佚文之蒐輯與研究。凡我同道，無妨效法張新朋先生之作為，彼此通力合作，獻身學術，以求寸進，則毋任盼禱矣。

原載《國文天地》第 38 卷第 10 期，2023 年 3 月

十、王伯祥先生〈致葉聖陶書札〉一通考

　　假日家居，翻檢藏書。隨手檢出《二〇一六年春季書刊資料文物拍賣會（二）宗教典籍‧古籍善本資料專場》之圖錄，圖錄乃北京海王村拍賣有限責任公司出版。余於該書頁八十見有王伯祥先生〈致葉聖陶書札〉親筆影本。此書札未蒙伯祥先生幼子王湜華撰《王伯祥傳》所採錄，疑佚函也。茲謹將書札影本迻錄於前，而其釋文則附後，俾便讀者研閱。

釋文：

聖陶兄賜鑒：大札前日收讀，閱之欣慰。承示〈道情〉一曲，調誦
數過，深覺有味。又復念及葉翁，當時同任教員，一室互榻，晨夕
相親。葉翁能以揚州語音唱板橋漁、樵、耕、讀四道情，興到時往
往唱之，其聲調至今猶能想象。其事距今將五十年矣。

天氣已轉暖，但聞車輛，幾乎無法擠上。訪候之願尚不克踐，悵悵。
匆復，敬請大安。

王伯祥敬上十一月二十日

有關王函之主旨，圖錄所附〈提要〉云：

王伯祥致葉聖陶書札

王伯祥　撰並書

一九七一年寫本

一通一頁附封　紙本

27.5×21cm

提要：是書札內王伯祥回憶了五十年前與葉聖陶「同任教員，一室
互榻，晨夕相親」的友誼，並談及葉聖陶能以揚州語音唱板橋漁樵
耕讀四道情等情景。這些經歷與葉聖陶所著《東歸日記》中所述頗
為吻合。

上述〈提要〉歸納書函內容頗翔實得當。至王伯祥、葉聖陶二人之生平，
〈提要〉另有簡述，頗可作知人論世看。〈提要〉所記曰：

王伯祥（1890～1975），名鍾麒，字伯祥，五十歲以後以字行。江蘇
蘇州人。現代文史研究家。曾任教於廈門集美學校、北京大學中文
系等。歷任上海商務印書館史地部、開明書店、中國青年出版社編
輯。與葉聖陶等人創辦《直聲》文藝週刊。著有《春秋左傳讀本》、
《增訂李太白年譜》等，編有《史記選》。

葉聖陶（1894～1988），原名葉紹鈞，字秉臣、聖陶，江蘇蘇州人。
現代作家、教育家、文學出版家、社會活動家。

案：詳讀圖錄《提要》後，則知王函撰於一九七一年十一月二十日。惟〈提要〉
內容疏略，尚有待拾遺補闕者。其首為王伯祥先生之著作，實不止《春秋左傳
讀本》等三種。蓋王先生曾編著有一貢獻殊鉅之代表作，即為其任職上海開明
書局編輯時所主編之《二十五史補編》。該書由顧頡剛先生撰序，顧氏推譽此

書甚崇。顧氏序曰：

> 今春過滬，於開明書店見《二十五史補編》之目，知舊友王伯祥先
> 生（鍾麒）主持斯事，俾與縮本《二十五史》並行，以便讀史者之
> 相互勘證，從此無患乎原書之缺漏，亦無惑乎原書之違迕；搜羅之
> 博，遠軼《廣雅》，凡茲世所能致者幾於無不備焉，為之喜而不寐。
> 夫為昔人著作謀盡其用，後來學術廣闢其門，使材料不集中之苦痛
> 從而解除，此真無量之功德，所當為史林永頌者矣。

觀是，則知王氏《二十五史補編》一書，能為研治《二十五史》者提供甚多相
關之參考資料，擁有此書以治《二十五史》，往往可解決治史之困難，並得檢
書左右逢源之樂。其後華中師範大學歷史系教授、文獻學家張舜徽先生亦步亦
趨而編著《二十五史續編》，則乃王氏此著之姊妹篇，可補苴王書所未及。

又案：王伯祥與葉聖陶二人，友誼甚篤，交游五十多年，觀文前所迻錄之
王函，當知梗概。茲亦謹作拾遺，以補〈提要〉之漏略。

考王湜華之《王伯祥傳》，該書第五篇第一一八條為「陪聖陶先生南遊」。
此事發生在聖陶先生夫人胡墨林病逝後。王湜華記曰：

> 聖陶先生伉儷情篤，悲傷不已，政府領導即安排他南游一段時間，
> 散散心，聊慰寂寞。伯祥先生見此情此景，更是感同身受，因為自
> 己是過來人，怎麼這兩位從小的摯友在這一點上竟也如此相似，都
> 老年喪偶！既知聖陶先生有南游的安排，又見他如此傷心，伯祥先
> 生便決定自費陪同他一起南游。這次南行，走的地方不多，雖只南
> 到了廣州、從化，而對二位老人來說，確是很有必要的換環境，調
> 劑精神，分憂解愁。這對二位老人能克享大年，精神矍鑠地活下去，
> 頤養天年，都起到了良好的作用。

《王伯祥傳》所記此段王、葉二老南遊往事，足證伯祥先生對聖陶先生之關心
與愛護，亦可推知二人感情極真摯。老人能克享天年，心境之獲得友朋互慰，
實為重要之關鍵。

余對王伯祥先生學問之淵博，著作之卓越，最為敬重；對其所撰諸書，尤
以《二十五史補編》最為關注。年前撰拙文〈明清以來學者補編《元史藝文志》
成書述考〉，所覓史料亦多從王書取資，內心無限感激。今年乃王伯祥先生一
百三十二歲誕辰，特撰蕪文，用申紀念之忱。

原載《國文天地》第 37 卷第 2 期，2021 年 7 月

十一、劉復教授之一通佚文——〈褚遂良《大唐三藏聖教序》題跋〉

　　余性好輯佚，近且提倡利用拍賣公司出版之圖錄，以蒐集名家佚文；先後收得葉德輝、梁啟超、陳垣、朱自清、李滄萍、董作賓、羅香林、張舜徽等教授之佚文多通，後均撰成文章，發表於《文獻》、《國文天地》、《香江藝林》、《新亞論叢》、《華人文化研究》等期刊上。近日又購得《朵雲軒二〇一七春季藝術品拍賣會，古籍碑版專場》，該書編號一四七九刊有〈劉半農題跋·北宋拓本雁塔聖教序〉圖錄，亦即本文所指之劉氏親筆寫於其書首頁〈褚遂良《大唐三藏聖教序》題跋〉原件，斯乃半農教授之佚文也。茲謹將影本迻錄（見圖一、圖二，頁382、383），並釋文如下，以供讀者欣賞與研閱。

釋文：

褚遂良字登善，杭州錢唐人。太宗時，歷官諫議大夫，兼知起居事、中書令等。高宗封河南縣公，進郡公，人稱褚河南；後遷吏部尚書、尚書右僕射。因反對高宗立武則天為后，被貶愛州刺史。其書初學史陵、歐陽詢，繼學虞世南，終法二王，自創一格，與歐陽詢、虞世南、薛稷並稱為初唐四家。其〈大唐三藏聖教序〉，如美人嬋娟，不勝羅綺；又如孤蠶吐絲，文章俱在。

中華民國二十一年二月半農劉復

案：有關劉復生平，茲檢二〇〇七年河北人民出版社增訂版，徐友春主編《民國人物大辭典》頁二四五一「劉半農」條為介。惟該條文字頗冗贅，乃略作檢省，迻錄如下，以資研問：

劉半農（1891～1934）

原名壽彭，改名復，字半農，號曲庵，江蘇江陰人，一八九一年七月三日（清光緒十七年五月二十七日）生。一九一七年，應陳獨秀之邀赴北京，任國立北京大學預科教員。一九二〇年九月，經北京政府教育部派遣赴歐洲留學，初至英國，入倫敦大學大學院。一九二一年夏，轉入法國巴黎大學，兼在法蘭西學院聽講。一九二四年，獲博士學位，被巴黎語言學會推為會員；同年夏，又獲法蘭西研究院之伏爾內語言學專獎；同年秋，回國。擔任國立北京大學中國文學系教授及研究所國學門導師。一九二六年，任中法大學國文系主任，兼任國立北京師範大學講師；同年，瑞典考古學者斯文赫定與中國學術團體組西北科學考察團，劉為該團理事會常務理事。一九二八年春，南京國民政府任命為特約著述員和國立中央研究院歷史語言研究所特約研究員，並在北京臨時文物維護會和古物保管委員會任委員。一九二九年春，再任國立北大國文系教授；夏，兼任私立輔仁大學教務長。一九三〇年五月，又兼任國立北平大學女子學院院長。一九三一年夏，專任北大文學院研究教授，兼任研究院文史部主任。一九三四年六月，赴平綏線（今京包線）調查方言；七月十日回北平。因感染回歸熱，於七月十四日逝世。著有《我之文學改良觀》、《中國文法通論》、《漢語字聲實驗錄》（法文）等。

又案：劉半農之題跋，署年為「中華民國二十一年二月」，即西元一九三二年二月，核其生平，劉氏其時正專任北京大學文學院研究教授，兼任研究院文史部主任，學術地位殊隆。其題跋於褚遂良里籍、宦履、遭際等事考證頗詳悉；而於褚氏學習書藝從師先後，述來亦具條貫；至品評褚氏法書地位及其所書〈大唐三藏聖教序〉之藝術成就，劉氏褒譽亦高，既喻之為「美人嬋娟，不勝羅綺」；又謂「如孤蠶吐絲，文章俱在」，用譬均甚貼切。至劉氏評述褚書所用撰寫方法，則頗效梁武帝〈古今書人優劣評〉論王羲之，及唐人李嗣真《後書品》評虞世南。即劉氏書品亦效褚體，下筆甚灑脫流利也。

至半農題跋提及褚氏之師承，則謂「初學史陵、歐陽詢，繼學虞世南，終法二王，自創一格」，茲擬依題跋所列之姓名為序，徵引河南美術出版社一九九一年七月刊行《中國書法詞典》與浙江人民出版社刊行，由吳敦木主編之《中國古代書法家辭典》相關條目而迻錄材料，藉供讀者知人論世。

史陵，隋人。善正書，筆法精妙，不減歐、虞。唐太宗與漢王李元昌、褚遂良等皆受之于史陵。褚首師虞，後又學史。乃謂人曰：「此法更不可敎人，是其妙處也。」《書斷》云：「褚遂良嘗師史陵，蓋當埒名聲也。然史亦有高古傷于疏瘦。」

——見《中國書法詞典》，頁 233。

歐陽詢（西元 557～641 年）（唐）字信本，潭州臨湘（今湖南長沙）人。詢敏悟絕倫，博覽經史，尤精三史，仕隋為太常博士，入唐擢為給事中，貞觀初（西元 627 年）歷太子率更令、弘文館學士，封渤海縣男，人稱歐陽率更。工書法，學王羲之、王獻之及北齊三公郎中劉珉。八體盡能，尤工正、行。其正書纖濃得中，剛勁不撓，勁險刻厲，平正中見險絕，規矩中見飄逸，硬朗堅挺，風骨峻峭，又不失渾穆高簡之意志。正書自成面目，人稱歐體，為世所重。與虞世南、褚遂良、薛稷並列為唐初四大家。《新唐書·儒學本傳》云：「詢初仿王羲之書，後險勁過之，因自名其體；尺牘所傳，人以為法，高麗嘗遣使求之。」張懷瓘《書斷》云：「詢八體盡能，筆力勁險，篆體尤精，飛白冠絕，峻於古人，有龍蛇戰鬥之象，雲霧輕籠之勢，風旋電激，操舉若神、真、行之書，出於太令，別成一體，森森焉若武庫矛戟，風神嚴於智永，潤色寡於虞世南。其草書迭蕩流通，視之二王，可為動色，然驚奇跳駿，不避危險，傷於清雅之致。」《宣和書譜》云：「詢晚年筆力益剛勁，有執法面折庭諍之風。」又云：「詢正書為翰墨之冠。」存世書跡有《化度奇碑》、《九成宮醴泉銘》等。傳世墨跡有《夢奠帖》、《卜商帖》、《張翰帖》、《千字文》等。

——見《中國古代書法家辭典》，頁 24。

虞世南（西元 558～638 年）（唐）字伯施，越州餘姚（今浙江餘姚市）人。少與兄世基同受學於顧野王，十年精思不懈，文章贍博。隋為秘書郎，入唐為員外散騎侍郎，弘文館學士。貞觀七年（西元 633 年）授秘書監，封永興縣子；次年進封縣公，世稱虞永興成虞秘監。世南貌儒謹而中抗烈，議論持正。唐太宗李世民重其才，稱其有五絕：德行、忠直、博學、文詞、書翰，卒贈禮部尚書，諡文懿。工書法，承王羲之七世孫僧智永傳授，勤於學。相傳其常臥於被中

畫腹習書，盡得二王法。又結合隋人楷法、魏碑佳品，開創出更加
接近晉人楷書之「唐楷」——唐人時代風格之代表作。其書筆致圓
融遒麗，外柔內剛，尤精神內守，以韻取勝。初看似溫和有餘，再
看則筋骨內含，是大楷書法藝術歷程上之進步。與歐陽詢同步書壇，
並稱「歐、虞」，成為初唐楷書生力軍。後增褚遂良、薛稷為唐初四
大家。李嗣真《書後品》云：「虞世南蕭散灑落，真草惟命，如羅綺
嬌春，鶬鴻戲沼，故當子雲之上。」董其昌《畫禪室隨筆》云：「虞
永興嘗自謂於『道』字有悟，蓋於書發筆處，出鋒如抽刀斷水，正
與顏太師錐畫沙、屋漏痕同趣。」

包世臣《藝舟雙楫》云：「永興如白鵝翔雲，人仰丹頂。」著有《書
旨述》、《觀學篇》、《筆髓論》，論述精到，尤為時人所重。傳世墨跡
有《汝南公主墓志》、《摹王羲之蘭亭序》、《臨黃庭經》、《積年帖》、
《枕臥帖》、《賢士帖》、《論道帖》、《前書帖》等。

——見《中國古代書法家辭典》，頁 30。

王羲之（西元 306～361 年），（一作西元 321～379 年）（晉）字逸少，
琅琊臨沂（今山東臨沂）人，徙居會稽山陰（今浙江紹興），王導從
子，王曠子。官至右軍將軍、會稽內史，世稱王右軍。幼訥於言，
及長辯贍，以骨骾稱。臨池學書，池水盡黑。草隸、八分、飛白、章
行等諸體皆精，草隸為古今冠。其書早年從衛夫人（鑠）學，後於
父曠處見前代名跡，遂改初學、博取眾長，草書法張芝，正書學鍾
繇；後又遍習蔡邕、梁鵠、張昶等書；精研體勢，增損古法，一變
漢、魏樸質書風，創妍美流便之體。與鍾繇並稱「鍾、王」，與其子
王獻之並稱「二王」。於我國書法藝術史上具有繼往開來之功，貢獻
甚大，後人以「書聖」譽之。其書法藝術對日本書壇亦有很大影響。
梁武帝〈古今書人優劣評〉云：「王羲之書，字勢雄逸，如龍跳天門，
虎臥鳳闕，故歷代寶之。」張懷瓘《書斷》云：「右軍開鑿通津，神
模天巧，故能增損古法，裁成今體，進退憲章，耀文含質，推方履
度，動必中庸，英氣絕倫，妙節孤峙。」所書《蘭亭序》被稱為天下
行書第一。傳世墨跡有《蘭亭序》、《快雪時晴帖》、《奉橘帖》、《喪
亂帖》、《上虞帖》等。

——見《中國古代書法家辭典》，頁 6。

王獻之（西元344～386年）（晉）字子敬，小字官奴，琅琊臨沂（今山東臨沂）人，出生於會稽山陰（今浙江紹興），王羲之第七子。歷官建武將軍、吳興太守、中書令，人稱「王大令」，卒謚憲。少有盛名，高邁不羈，風流為一代之冠。工書，正、行、草書諸體兼擅，尤精行草，與其父並稱「二王」。梁武帝在〈古今書人優劣評〉云：「其書絕眾超群，無人可擬。」張懷瓘《書斷》云：「獻之變右軍法為今體，字畫秀媚，妙絕時倫。」《書議》云：「子敬才高識遠，行草之外，更開一門，非草非行，流便於草，開張於行，草又處其中間。無藉因循，寧拘制則，挺然秀出，務於簡易，情馳神縱，超逸優游，臨事制宜，從意適便，有若風行雨散，潤色開花，筆法體勢之中，最為風流者也。」傳世墨跡有《鴨頭丸帖》、《送梨帖》、《洛神賦十三行》、《地黃湯帖》、《中秋帖》等。

──見《中國古代書法家辭典》，頁4。

以上推介史陵、歐陽詢、虞世南、二王既已，翻看劉半農題跋中猶有「褚遂良與歐陽詢、虞世南、薛稷並稱初唐四家」一語，故又須補考薛稷事蹟如下：

薛稷（西元649～713年）唐蒲州汾陰（今山西寶鼎）人。字嗣通。睿宗時遷太常少卿，封晉國公，後歷太子少保、禮部尚書，人稱薛少保。好古博雅，於外祖魏徵家藏，見虞世南、褚遂良後，稷銳精臨摹，結體遒麗，遂以書名天下。時有「買褚得薛，不失其節」之說，尤工於隸書。《書斷》云：「薛稷書學褚公，尤尚綺麗、媚好。膚肉得師之半，可謂河南公（遂良）之高足。」李後主云：「薛稷得右軍（羲之）之清，而失於拘窘。」《廣州書跋》云：「至於用筆纖瘦，結字疏通，又自別為一家。」康有為云：「薛稷得於《賀若誼碑》，而參用貝義淵恣肆之意。」傳世書跡有「慧普寺」三字及《升仙太子碑碑陰題名》、《信行禪師碑》等。

──見《中國書法詞典》，頁993。

讀以上迻錄資料後，讀者於史陵、歐陽詢、虞世南、王羲之父子及薛稷生平與書藝成就，當有所曉悉矣！

《朵雲軒二〇一七春季藝術品拍賣會‧古籍碑版專場》，其書編號一四七九有介紹文字，迻錄如下：

1479

劉半農題跋　北宋拓本雁塔聖教序

紙本　線裝一冊

署年：民國珂羅版

款識：中華民國二十一年二月半農劉復

鈐印：趙氏崔琴珍藏記（朱）、江陰山人（朱）、

　　　劉半農復（白）、假他人芒（白）

32×22.5cm

RMB：5,000～6,000

據是則知，本文前頁所載劉復題跋圖錄，其署名下之二印，其一為「劉半農復」
白文方印，其二為「江陰山人」朱文方印；而右上方，則有「假他人芒」白文
長方印。至〈北宋拓本雁塔聖教序〉右下角圖錄，所蓋為「趙氏崔琴珍藏記」
朱文長方印，其餘二印模糊不清，似被人刻意塗抹者。劉半農此題跋，內容、
書藝俱佳。劉氏法書，其作品存世殊尠見，此次拍賣價僅為人民幣五千至六千
元起價，殊匪昂也。特補述以告讀者。

原載《新亞論叢》第 21 期，2020 年 12 月

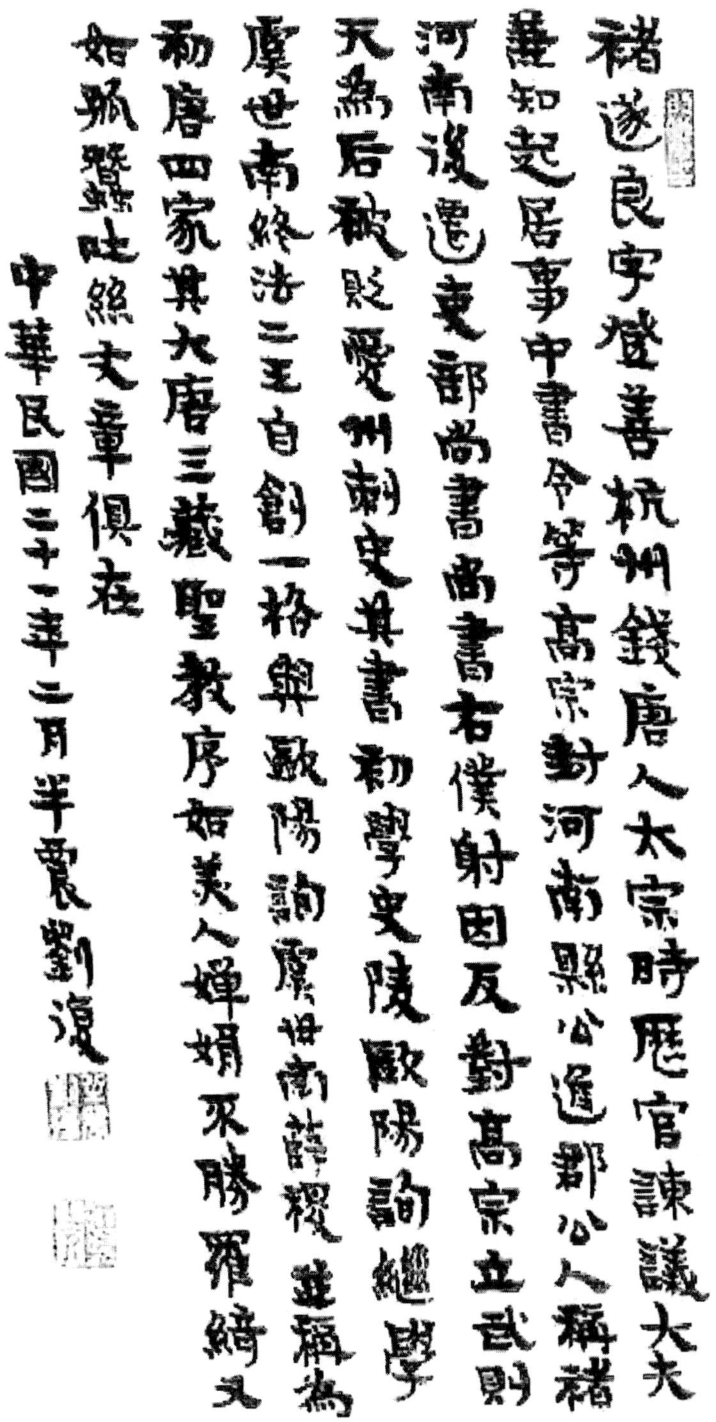

褚遂良字登善杭州錢唐人太宗時歷官諫議大夫
兼知起居事中書令等高宗封河南縣公遷郡公人稱褚
河南後遷吏部尚書尚書右僕射因反對高宗立武則
天為后敢貶愛州刺史其書初學史陵歐陽詢繼學
虞世南終法二王自創一格與歐陽詢虞世南薛稷並稱為
初唐四家其大唐三藏聖教序如美人嬋娟求勝羅綺又
如孤鸞吐綬支章俱在

中華民國二十一年二月半農劉復

圖一　劉復〈褚遂良《大唐三藏聖教序》題跋〉

圖二　〈北宋拓本雁塔聖教序〉

十二、《錢賓四先生全集》佚文又一篇
——〈楊樹達《論語疏證》評審意見〉

　　本年為香港新亞研究所創辦人錢穆（1895～1990）（賓四）教授逝世卅周年，月前余曾撰〈錢穆（賓四）教授逝世卅周年紀念──並考《錢賓四先生全集》之一篇佚文〉以為悼念。文中所考之佚文，即錢夫子於一九五三年所撰〈李榕階著《論語孔門言行錄》序〉，該〈序〉未被收入臺北市聯經出版事業公司印行之《錢賓四先生全集》中，至可惜也。上述悼錢之文將發表於《錢穆先生學思與生平》一書，該書本年七月間臺北面世，由秀威出版社刊行。

　　今年歲首，旅遊臺北，於重慶南路三民書局購得上海古籍出版社發行《學燈》第一輯，內載李妙麟整理〈民國學術獎評審意見選刊（六則）〉一文，其中收錢教授評審意見四篇，即一、李萼《孟子改制述要》，二、楊樹達《論語疏證》，三、馬紹伯《孟子學說的新評價》，四、徐復《後讀書雜志》。

　　錢氏撰此四篇評審意見均為《全集》所失收，固佚文也。茲擬分文考述，首推介者為「楊樹達《論語疏證》」。錢氏評審意見先迻錄如下：

> 本書宗旨在於疏通聖言、甄別義理，首取《論語》本文前後互證，次取群經諸子及四史為證，其無證者則闕。惟古人引書往往自適己用，未必與所引原旨洪纖洽合，因此《論》、《孟》已有異同，遑論其次。《論語》注釋自何晏《集解》、皇侃《義疏》，下逮朱子《集注》、劉寶楠《正義》，網羅家說，辨析異同，幾於略備。本書援據古義，其確然有資於訓說者，前儒大體均已採摘。此外，若求博聞多識以備一說，自無不可，若欲本此解說經文，則有轉入歧途反增曲解者。如「無為而治者，其舜也與」條，本書引董仲舒《春秋繁露》及《漢書·董傳》，均以「改正朔易服色」說之。此自董氏一家之誼，自東

漢以下，陰陽五德之說即不為說經者所重。即如本書於「無為而治者，其舜也與」之下文「恭己正南面而已矣」句，即引《呂氏·先己篇》言「正諸身」、《新序》言「勞於求人」，此二義即與仲舒「改正朔易服色」無關。本書於經文一章數句，句各有證者則證，文分列於當句之下，然往往前後所證自成牴牾，此處即其一例。又古人引書本極隨便，蓋援引與訓說不同，訓說當就本文，援引僅為己用。如「人能弘道，非道弘人」，本書引《漢書·禮樂志》一大節數百言。雖文中明引「人能弘道，非道弘人」二語，然殊非此二語大義所在，以資觸類旁通則可，而偏全洪纖之間則較然有別。又如《春秋繁露》說「當仁不讓於師」，引楚子反視宋一節，此只可以作別解而實非《論語》之本旨。凡此等處本書均僅引證文，未加評案，苟讀者淺見寡聞，即本所引以為《論語》原義如此，豈非大誤！又如「多見而識之」下引《廣韻》、「鴟」字注所引《韓詩》、《繹史·孔子類記》所引《衝波傳》及王充《論衡·實知篇》三條，又「夫子聖者與？何其多能也」引《論語》、引《太平御覽》所引《韓詩外傳》，又《說苑·辨物篇》、《論衡·明雩篇》諸節，此等乃鄉曲小儒俗說瞽談，自王仲任已加駁難，清儒崔述東壁辨之甚析，《論語》原義決不如此。本書亦備引諸書不加案語，若謂即此可證經文原義，豈不失之甚遠耶？其他如「知我者其天乎」引《論語撰考讖》，「行夏之時」引《周易乾鑿度》，「鳳鳥不至，河不出圖，吾已矣夫」引《周易乾坤鑿度》，緯書之說更與經旨相違。其他尚有所引越出四史之外者，如「服周之冕」引《宋書·禮志》，「以直報怨」引師覺授《孝子傳》，皆與本書體例不合。又「子所雅言，詩書執禮，皆雅言也」引劉寶楠《正義》，亦與本書體例不合。

總評：本書備引兩漢以前群經諸子以及四史所載有涉《論語》者，分條錄之，藉為證明古義繽紛，網羅甚巨。初學涉獵可以博趣，通儒披覽亦資觸發，惟詳於採摭，略於闡說，可作一般參考之用，似可列入第三等，敬參末議，以備

公決

審查人：錢穆

三十二年十月五日

案：楊樹達教授乃余拳拳服膺之學者。年前研究其學術，曾發表論文六篇，後均收入拙著《何廣棪論學雜著》與《續編》中。其中〈楊樹達《與董作賓書》二通讀後〉一文，曾介紹楊氏事蹟曰：

> 楊樹達（1885～1956），字遇夫，號積微，晚更號耐林翁，湖南長沙人。中國現代著名語言文字學家與經、史學家。早歲留學日本，歸國後執教清華大學、北京師範大學等高等學府；抗日戰爭以迄逝世前，則任教湖南大學。民國三十七年（1948）三月被選為中央研究院第一屆人文組院士。平生勤於著述，造詣極高。所撰之書，以《積微居小學金石論叢》、《積微居小學述林》、《積微居金文說》、《積微居甲文說》、《漢書窺管》、《淮南子證聞》等，最為學林所重。

讀之可悉楊氏生平及著述梗概。李妙麟整理此文亦出注一條，云：

> 楊樹達，中國著名語言文字學學家。氏著《論語疏證》有上海古籍出版社二〇〇六年版。

所注亦言簡意賅，足與拙文互補有無。惟李氏整理錢文，間有錯字，句讀亦頗多失誤，已代一一糾正。

又案：錢教授評審楊氏《論語疏證》，舉證詳審，見解獨到。其總評下結語，謂：此書「初學涉獵可以博趣，通儒披覽亦資觸發，惟詳於採摭，略於闡說，可作一般參考之用，似可列入第三等，敬參末議，以備公決。」所給評語，則似有偏低之虞。

楊教授撰就其書，曾請陳寅恪教授賜序。陳教授〈楊樹達《論語疏證》序〉曰：

> 孔子之生距今將二千五百載，神州士眾方謀所以紀念盛事，顯揚聖文之道，而長沙楊遇夫先生著《論語疏證》適成，寄書寅恪，命為之序。寅恪平生喜讀中華乙部之作，間亦披覽天竺釋典，然不敢治經。及讀先生是書，喜曰：先生治經之法，殆與宋賢治史之法冥會，而與天竺詁經之法形似而實不同也。夫聖人之言必有為而發，若不取事實以證之，則成無的之矢矣。聖言簡奧，若不采意旨相同之語以著之，則為不解之謎矣。既廣搜群籍，以參證聖言，其文之矛盾疑滯者，若不考訂解釋，折衷一是，則聖人之言行終不可明矣。今先生匯集古籍中事實語言之與《論語》有關者，并間下己意，考訂是非，解釋疑滯，此司馬君實、李仁甫《長編考異》之法，乃自來詁

　　釋《論語》者所未有，誠可為治經者闢一新途徑，樹一新模楷也。
陳教授此〈序〉，於遇夫先生研治《論語》之法推譽至隆。以為其法既以史治
經，又以考訂解經，蓋仿司馬光《資治通鑑長編考異》、李燾《續資治通鑑長
編考異》之考史方式以治《論語》。其所用以撰作之法甚善，固可為治經闢一
新途徑、新楷模，乃前此詁釋《論語》者所未有。

　　綜上所考，則錢、陳二老評議楊氏書，見仁見智，一貶一褒，殊難倉卒有
所依違，斯似須留待後人斟酌參研，再作定論也。

　　考一九四〇年，其時教育部為促進高水準學術研究之發展，曾成立學術審
議委員會，專門負責對當時優秀學術成果進行評議與獎勵。申請人之作品須為
最近三年內完成者。其評議程序則須經推選之專家審查、學術審議會小組審查
及大會最後決選三環節所構成，則其推行此事，殆至為矜慎矣。

　　其時錢教授以專家出任審查人，楊教授則以《論語疏證》一書送審。此一
政策能使優秀學術成果獲得政府獎項，對促進中國近代學術發展起到重大作
用。竊意當前海峽兩岸教育部似應繼軌遵行，俾有利學術研治之宏發。

　　錢氏此一佚文，對有意研究楊遇夫《論語》學者，足資參考。他日，臺灣
聯經出版事業公司再版《錢賓四先生全集》時，至希能將此篇評審意見收入《全
集》第五十三冊《素書樓餘瀋》中，以補遺漏，並增篇幅，則至所企盼。

原載《國文天地》第 36 卷第 3 期，2020 年 8 月

十三、《錢賓四先生全集》佚文第三篇
——徐復《後讀書雜志》評審意見

臺灣臺北市聯經出版事業公司於一九九七年二月，刊行《錢賓四先生全集》。雖云「全集」，實有漏網之魚。故拾遺補闕，猶有俟於來者。

余性好輯佚，月來即就此《全集》進行蒐逸，撰成文章兩篇。首篇為〈錢穆（賓四）教授逝世卅週年紀念——兼考《錢賓四先生全集》之一篇佚文〉，拙文將發表於臺北秀威出版社編刊之《錢穆先生學思與生平》，計畫本年七月間面世。其所收之佚文即錢教授一九五三年所撰〈李榕階著《論語孔門言行錄》序〉。

次篇乃〈《錢賓四先生全集》佚文又一篇——楊樹達《論語疏證》評審意見〉。此文已撰就並送臺北《國文天地》，將發表於本年八月（第三十六卷第三期）。

錢教授佚文〈徐復《後讀書雜志》評審意見〉，寫成於一九四四年一月十六日，刊見上海古籍出版社二〇一六年出版《學燈》第一輯李妙麟整理〈民國學術獎評審意見選刊（六則）〉中。茲先將錢文迻錄於下：

徐復《後讀書雜志》評審意見

本書卷帙無多，而新義絡繹，時有創見。大體論之，援據精愜，說義平允者，蓋占全書十之六七。其他各條，亦皆妥帖自然，絕少牽強穿鑿之病，與夫支蔓敷衍之害，洵為不失乾嘉以來之矱矱者。就中尤精卓者，如說《漢書》「嘷類」為「疇類」，引《管子·樞言》（四頁）。說「蹈背出血」為「焰背」，引《多桑蒙古史》（五頁）。說

《宋書》「直勒」為「特勤」，引錢竹汀《養新錄》（十一頁）。說《史通》「凝脂」為「刑網之密」，引《鹽鐵論》（十六頁）。說《莊子》「鍬斛」為「鍾史」，引《小爾足》（二十六頁）。說《荀子》「屋室盧庾，葭槀蓐，尚機筵」為「局室盧，簾槀蓐，省機筵」，引《初學記》、《鹽鐵論》、《墨子》（三十頁）。說《鹽鐵論》「若俟周召而望子高」為「望高子」，引《公羊傳》（三十八頁）。說「雹霧夏隕」為「雹霰」，引《呂氏春秋》（四十四頁）。說司馬相如〈長門賦〉「賜問」為「賜聞」，引《史記·范睢傳》（五十七頁）。說潘安仁〈悼亡詩〉「周惶忡驚惕」為「周惶中驚惕」，引《玉臺新詠》與宋玉〈九辯〉（五十七頁）。說《文心雕龍》「骨鯁所樹」為「骨骾」，引《廣韻》、《抱朴子》（六十一頁）。說「舉止於察惠」為「與言止於察惠」，引宋本《御覽》（六十三頁）。說「憽恫」為「憁詞」，引《廣韻》與《三國·魏志·程昱臧霸傳》（七十四頁）。如此之類，莫不確有援據，而釋解精愜，使人有渙然冰釋，怡然理順之感。其他不枝舉。其據《御覽》校《文心雕龍》各條，均歷來治此書者所未照也。

總評：本書卷帙無多，而極富創獲，已為隨手舉出十數條。此等或自來未得其解，或素不為人注意，一旦說出，轉覺自然平淡。或若瑣碎小節，然治古籍，正貴校勘詁訓以為先基。而其間粗細高下各有分別，苟非平心靜氣，處之不苟，學養工夫到，即每好作游辭，妄生曲解，不惟不為學人之助，抑且轉為之害。本書已勘此弊，其所發明，皆足以補前人之所未備，洵為猶有舊時學人著作之矩矱者。按標準似可予以第二等獎，不知當否？敬待

公決

審查人：錢穆

卅三年一月十六日

案：錢教授之評審意見，對徐書多所褒譽，於總評中既謂「本書卷帙無多，而極富創獲」；又盛讚撰人治學能「平心靜氣」，對典籍中之「粗細高下各有分別」，而「處之不苟，學養工夫到」。評審意見中又列舉十數例證，推許其「援據精愜，說義平允」，使人讀後「有渙然冰釋，怡然理順之感」。上述所評，皆實事求是，確鑿可信。

考徐氏之書既命名為《後讀書雜志》，則知其撰著此書，蓋欲追效清儒王

念孫《讀書雜志》。徐氏視王書為「前」，己書為「後」，欲有以步趨念孫治學之意甚明。其樹標既高，用力又勤，治事更一絲不苟！六十年後，全書大功告成，一九九六年八月乃得上海古籍出版社付梓面世。徐氏於〈前言〉云：

> 余撰《後讀書雜志》，始稿於一九三二年，迄客歲一九九二年而全書告成。六十年中作輟相尋，增芟更易者數矣。茲編所收，以基本常用書為限，凡《史記》、《漢書》、《老子》、《荀子》、《楚辭》、《文選》之屬，計二十四種，各有校釋，貢其愚誠。

讀此，足見其書內容淵博，而其研治此書之態度亦極矜慎也。

有關徐氏之學、經歷，上海辭書出版社一九九二年十二月版行《中國人名大詞典‧當代人物卷》頁一六八六有「徐復」條，其內容云：

> 徐復（1912～）教授，江蘇常州人。一九三五年金陵大學國學研究班肄業。曾任邊疆學校研究部研究員。建國後，歷任金陵大學、南京師範學院、南京師範大學教授，中國訓詁學研究會第一屆副會長，第二屆會長，江蘇省語言學會第一屆會長，《漢語大詞典》副主編。中國民主同盟盟員。著有《秦會要訂補》，有《徐復語言文字學叢稿》。

讀此條資料，微嫌其不足。乃翻檢網上資料，得增補材料二條，擬讓讀者閱後，知悉徐氏除治學、治事外，於培育人才方面亦有過人之貢獻。雖引文略見冗贅，因有裨於讀者，故亦不計較也。

增補資料（一）

> 徐復（1912～2006），字士復，一字漢生，號鳴謙，江蘇省武進縣人，著名語言學家。一九三三年畢業於金陵大學，一九三五年入金陵大學國學研究班，後轉至章太炎門下求學。曾任教於邊疆專科學校、金陵大學、南京師範學院、南京師範大學等校。歷任副教授、教授、南京師範大學古文獻整理研究所名譽所長、《辭海》編委、《辭海》語詞學科分科主編之一、《漢語大詞典》副主編之一、中國語言學會理事、中國訓詁學研究會會長、中國音韻學研究會顧問、江蘇省語言學會會長、《傳世藏書》主編等。二〇〇六年七月二十四日二十一時五十五分南京去世，享年九十六歲。
>
> 徐復教授一生淡泊名利，七十餘年默默地耕耘，為中國傳統文化的研究和教育事業作出了重要的貢獻。他畢生致力於語言文字和古典

文獻的研究，為中國培養了一大批學有專長的古籍整理研究人才，具有深遠的學術影響和社會影響。徐復先生為黃侃和章太炎的嫡傳弟子，成為國學界章黃學派的傳人。建國後，徐復名列當時赫赫有名的南師中文系八大教授之列。徐復先生是中國德高望重的國學大師，在學術界、教育界享有極高的聲望，培養了一大批古籍整理研究人才。以徐復先生為代表的南京師範大學文學院，其綜合實力和學術聲譽位列中國高校前五。徐復在語言文字領域的貢獻主要體現在訓詁學、校勘學、蒙藏語。

增補資料（二）

徐復先生的最後一部著作《徐復語言文字學晚稿》是徐復教授最後十五年的學術研究的總結之作，近五十萬字，收入文章一百三十多篇，約分為五組。本書最早的文章初成於二十世紀四○年代初期，經晚年修訂而成，最晚的為二○○六年所作，時間跨度為六十多年。研究範圍上自先秦，下迄近代，經史子集均有論列。

以上兩段文字讀後，深感徐氏治學勤劬，育人甚富，不愧章、黃嫡傳弟子。拙文本擬僅為《錢賓四先生全集》蒐求佚文，不意順筆寫來竟詳介徐復教授之貢獻。觀其壽登耄耋，猶能撰成《徐復語言文字學晚稿》，全書竟近五十萬言，真堪稱為勤於著述，老而彌篤矣！

至錢教授此篇〈徐復《後讀書雜志》評審意見〉，功力極深。尤希聯經出版事業公司再版《全集》時，勿忘增入其佚文，俾讀者研治徐氏《後讀書雜志》得作參考，並資啟發。

原載《國文天地》第 36 卷第 4 期，2020 年 9 月

十四、《錢賓四先生全集》佚文第四篇
——馬紹伯《孟子學說的新評價》評審意見

　　錢穆教授《錢賓四先生全集》，雖稱「全集」，尚有佚文；余前撰文揭露者凡三篇，即〈李榕楷著《論語孔門言行錄》序〉、〈楊樹達《論語疏證》評審意見〉、〈徐復《後讀書雜志》評審意見〉。拙文均已陸續發表於《國文天地》等期刊上，茲又新裁成此篇。

　　錢教授此文見載香港浸會大學孫少文伉儷人文中國研究所主辦《學燈》第一輯「佚文叢殘」項、李妙麟整理之〈民國學術獎評審意見選刊（六則）〉中；《學燈》一書已由上海古籍出版社二〇一六年四月刊行。

　　有關錢教授對馬紹伯書之評審意見，茲迻錄如下：

　　　馬紹伯《孟子學說的新評價》評審意見　本書就當前現況為出發點，推闡孟子學說，語語蹈實，有體有用。其第二章發揮性善論，第四章發揮王道仁政，尤見平允通達。全書貌若平淺，而時有見到，語既不粉飾誇張，亦不牽強附會，證古會今，允發多是。

　　　總評：本書援據《孟子》，針對現狀，平實淺顯而實有見地，堪作一般讀物之用，應予以第三等之獎勵。

　　　　　　　　　　　　　　　　　　　　　　審查人：錢穆

　　　　　　　　　　　　　　　　　　　　卅二年十一月廿一日

案：馬紹伯之書，錢教授評價頗高，蓋以其書能援據《孟子》所述，針對現狀以證古會今，允發多是。據李妙麟所出注，謂「氏著《孟子學說底新評價》，

《民國時期經學叢書》第二輯有收錄」，則知其書頗受當時學界重視。考馬氏此書，重慶國民圖書出版社一九四三年另有刊行，書首載教育部長陳立夫先生一九四二年所撰序，其序對馬書下評語曰：

> 今馬君紹伯於困處敵區之日，獨能留心典籍，出其所得，著為《孟子學說的新評價》一書，而歸其旨於與百姓同，誠獨具隻眼。

則部長之評價亦高。如移陳氏評語，與錢教授評審意見相比照，二者頗有不謀而合，異曲同工之處。

有關馬紹伯之生平，當代所編各種人名大辭典均未載其條目，難以作知人論世之參考。惟蒐檢一九三六年九月《禹貢》半月刊第六卷第一期，則刊有繆鉞教授撰〈馬紹伯墓志銘〉，材料富贍，足補前闕。無妨全文迻錄，俾便讀者參考。

〈馬紹伯墓志銘〉

君諱培棠，字紹伯，滿城馬氏。祖某，父某，世業農。君幼穎銳而多病，居小學時，嘗患目疾累月，日坐講舍，默聽潛識，年終課試，猶冠其曹。升學北京師範，士方悅新奇，君獨志古學，取校中經史恣讀之，假中或留不歸。民國十八年卒業，任保定私立培德中學國文教員，士經其指授者，讀書為文，皆得途徑。中學教課勞，君獨於餘暇治學不怠，一燈靜讀，恆至夜分。性孤介，不善酬對，稠人廣座，訥無一言，肆應俗務，多見目為迂闊。然當其考核古史，辨章舊聞，群籍紛陳，精思銳入，如大禹之治水，得其脈絡；及乎發抒心得，飛辯騁辭，義據通深，枝葉條暢，聽者不能難也。民國二十五年四月卒於家，春秋三十，葬東固店村之祖塋。妻金氏，無子，一女尚幼。晚近三百年中，樸學昌明，皖南吳越之間，大師踵生，流風遠被，而燕趙帝畿，反聲塵闐寂；惟大名崔東壁崛起僻鄉，與當代勝流，絕少還往，而精思孤詣，遂成考信古史之絕業，可謂卓爾之士矣。君覃研冥索，門徑獨行，與崔氏為近。所著《禹貢編制考》六篇，奇思橫溢，咸有據依，使天假之年，所就殆不止此。君少喪父，家貧母老，有兩兄，天倫乖忤，非人所能堪。而君性柔厚，茹辛忍痛，內損日深，雖體弱不克永年，抑亦境遇所厄也。君於世寡合，而獨善鉞，治學旨趣，雖有異同，堅卓之操，實所心折。民國二十四年秋，鉞將游粵東，君已臥疾，強起置酒為別。君厭苦教課，

思得閑職，肆力於學。餘舊窺其隱，心許未言，方冀君疾稍瘳，得
當以報；而一辭祖道，竟至撫棺，遺稿散亡，孤嫠孑立，斯亦人世
之至哀已。銘曰：

苦心專壹，大樸含真；生今之世，乃與古親。

胡豐其才，而厄其身？千載考德，視此貞瑉。

細讀繆教授所撰〈墓志銘〉，知馬氏名培棠，後以字行，「民國二十五年四月卒
於家，春秋三十」。就此以推，則紹伯蓋生於有清光緒三十二年丙午（1906），
而卒於一九三六年，壽僅而立，堪稱短夭，殊可惋惜。至紹伯之著作，據〈墓
志銘〉所載，尚有《禹貢編制考》六篇，繆氏評為「奇思橫出，咸有據依」，
則馬氏固亦精於經學考據而有成就者，惟其文今已不易得睹矣。繆氏所撰〈墓
志〉，後收入《冰繭庵隨筆》，有成都四川人民出版社二〇一七年刊行本，可備
復檢也。

至錢教授此評審意見，寫來惜墨如金，篇章短小，而言簡意賅，語語中肯，
足資啟發。他日，臺北聯經出版事業公司將《錢賓四先生全集》再版時，理宜
采入此文，以拾遺補闕，俾與「全集」之美名名實相副，是所冀盼。

原載《國文天地》第 36 卷第 5 期，2020 年 10 月

十五、《錢賓四先生全集》佚文第五篇
——李蕚《孟子改制述要》評審
意見

臺北市聯經出版事業公司刊行《錢賓四先生全集》，仍有佚文，未稱「《全集》之名。余年來輯佚所得，經撰文絡繹發表者已達四篇，茲篇為第五篇。

錢教授此篇佚文亦見《學燈》第一輯，收見李妙麟整理之〈民國學術獎評審意見選刊（六則）〉一文中。茲將全文迻錄如下：

李蕚《孟子改制述要》評審意見

南海康有為孔子託古改制之說，此乃一時權道，實緣其時經學餘燼猶燃，學者多喜談西漢今文微言大義，而時勢所迫，又不得不昌言變法，遂附會《公羊春秋》，成此曲說。今則時異事易，康氏託古改制之理論已失其存在之必要，若再據以論史證經，此則洵所謂不識時務。《孟子》七篇辭旨明白，絕非《公羊春秋》之比，更難以康氏託古改制之說相附會。

本書所舉，如論人民政治主權在民、民貴君輕諸義，如論性善說、仁義禮智說、存心養心諸說，孟子皆自申己見，絕無所謂託古改制。以此繩之本書，幾乎全無著題處。至謂孟子書中文王有兩解：一為周代之文王；一為泛稱的文王，即「斯文在茲」之文王。此等語在數十年前勝清時代，則或有信者。此皆所謂已陳之芻狗，而本書作者尚據此以說孟子，此於訓詁、考據、義理三者無一當也。昔崔適鮮甫為南海之說所誤，作《史記探源》諸書，全從考據下手，自誤

尚足誤人。今本書作者乃從義理方面用力，則改制本偏重制度與歷史，與義理尚隔一層，又當今日南海創說久已消沉，則自誤者並不足以誤人矣。

審查人：錢穆

卅一年十一月八日

案：錢教授評審李蕚此書，以為晚清之際，經學餘燼猶燃，學者喜談西漢今文微言大義。康有為因時勢所迫，亦談變法，遂附會《公羊春秋》，倡言孔子託古改制；此固一時之權道，出於事之不得已。惟李蕚已身處民國，時異事易，託古改制之理論已失其存在之必要，而李氏猶據之以論《孟子》，此真可謂不識時務。錢教授進而分析謂：《孟子》七篇，辭旨明白，殊非《公羊春秋》可比，亦難以託古改制之說相附會。就以李著《孟子改制述要》書中所舉「主權在民」、「民貴君輕」、「論性善說」、「仁義禮智說」、「存心養心說」各點而言，孟子均自申己說，絕無託古改制之意。以此繩之李著，則其書中所述內容，可謂絕無著題處。錢教授續評李氏所謂《孟子》書中「文王」有二解，其說亦屬「已陳之芻狗」，而李氏仍據之以解釋《孟子》，是則於訓詁、考據、義理三者皆無一當也。況其書既論改制，本應偏重制度與歷史而發揮，而與義理尚隔一層。著者未能嚴分本末、主從處理，如斯治學，固足以自誤。據上所述，則錢教授評審李書甚翔實，惟評價不高，此從其對此書未給予評級，則或可推知矣！

　　本書撰者李蕚，當代所編之各種人名大辭典均無其條目，難知其生平。余從網上蒐得資料一條，迻錄以備讀者參酌。

> 李蕚（清末重慶籍教育家）〔清〕字源泉，重慶北碚（江北）人。
> 進士出身，善國學，興教育。一九〇九年（清朝宣統元年）創建重慶
> 市江北中學，（原名江北廳官立中學堂）發展蜀地片區的農村教育。

觀是，則知李氏字源泉，重慶人，進士出身，善國學，終生於四川服務教育，頗有成效。其名或作蕚，亦作薲，兩字可通。然《康熙字典》無「蕚」字，北京商務印書館二〇一二年十月出版《古代漢語詞典》則有之，並謂字或作「蘁」。（頁361）

　　錢教授此篇佚文，他日《全集》再版，至希能補回，俾研讀李蕚《孟子改制述要》者參考。

原載《國文天地》第 36 卷第 6 期，2020 年 11 月

十六、《錢賓四先生全集》佚文第六篇
——〈莫可非《稊稗集》序〉

　　《錢賓四先生全集》蒐羅富贍，然佚文尚存，難稱「全集」。余年來就其書作輯佚，所得凡五篇，絡繹撰成文章，發表於臺北《國文天地》等期刊。自信此舉對先師學術之全部流播頗具微勞，私心甚感欣慰。

　　近日蒙摯友孫廣海博士從香港中文大學新亞學院錢穆圖書館借出莫可非《稊稗集》，其書於一九六二年壬寅十二月初版，距今已五十八載矣！書首有錢夫子所撰序，而此序則《全集》失收，固佚文也。茲謹將錢〈序〉迻錄於後，斯既可為錢《集》作輯佚，亦樂與喜研治錢學之同道佳文共欣賞。

　　錢序

　　莫子可非告余，頃方集其所為散篇短論，自己亥冬迄茲四載，逾二百一十餘篇，刪汰所存得一百二十一篇，分四編，都十二萬言，顏曰《稊稗集》，排校竣事，而囑余為之序。余曰：「有是哉！莫子之文，是誠古人之文，非今世之文也。覽其篇題，上自治道民生，風氣教化，著述精微，人物長短；下至閭巷猥纖，俗情世態，無不包舉，而僅得十二萬字，是何其言之富而辭之約乎！蓋莫子之文，和平澹雅，一如其為人，不張皇以為大，不鈲析以為精，不紆迴以為遠，不疊累以為深，無殺伐之盛氣，無抑揚之私心，誇飾隱藏，譏嘲叫罵，輕薄佻巧，曲強羅織；凡古人文德之所戒，於莫子之文，蓋無有焉。辭隨乎意，意盡於己，雖包舉之已廣，而上下議論，亦直抒己見則止，此非所謂修辭立其誠者耶？故余樂而為之序。」

壬寅歲暮　錢穆

案：恭讀錢〈序〉，深悉《稊稗集》一書所收，乃莫氏己亥（一九五九）至壬寅（一九六二）四年間於期刊發表之散篇短論，本為二百一十餘篇，莫氏刪汰成一百二十一篇。書分四編，都十二萬言。命題富贍，上自「治道民生」，下逮「俗情世態」，無不包舉。至其行文則言富而辭約，和平而澹雅，惟於古人文德之所戒，書中蓋無犯焉。有所議論，直抒己見則止。錢夫子〈序〉中乃以「修辭立其誠」五字品賞莫文，則推譽之情，流於辭表矣！書名《稊稗集》，《康熙字典》注云：「稊，似稗布地生，穢草也。」又注云：「稗，草之似穀者。」莫氏竟以「稊稗」名其書，蓋其為人，挹謙之至也。

又案：有關莫氏生平事迹，《民國人物大辭典》等書均無其條目，紹介莫由。幸孫廣海博士代借得《珍重・傳承・開創──《新亞生活》論學文選》，其書上卷有鄺健行撰〈莫可非先生〉一文，讀之始悉莫氏行誼。茲亦迻錄如下，俾供讀者知人論世。

> 莫可非先生
>
> 莫可非先生（一九〇七？至一九七〇），字汝彭，號曲齋，廣西岑溪人。早歲畢業於廣東國民大學，曾履軍、政職務，任桂林軍校政治指揮員、蒼梧縣縣府主任秘書。後執教鞭，嘗為廣西岑溪中學校長，亦曾於廣西聖心中學執教。
>
> 及南來香港後，莫先生任教於香港真光中學及香港嶺南中學，旋任香港中文大學新亞書院中國文學系講師。先生學問淵博，教人不倦，經史如有腹稿，隨手摭拾，隻字不差，對《史記》、《漢書》、杜詩尤有研究，並旁通《水滸》、《儒林外史》以博其趣。
>
> 先生平生多扶掖後進，故不徒為一經師，且亦為一人師也。著有《漢書雜論》、《漢書小品》、《杜詩選講》、《稊稗集》、《釋耒集》等等。
>
> 《稊稗集》精選莫先生為《自由人》和《自由報》撰寫的文章，獲錢穆先生寫序。晚年撰寫《中國文學家批傳》，未竟而謝世，享年六十四歲。（鄺健行）

據鄺氏以上所記，則知莫可非字汝彭，號曲齋，曾畢業廣東國民大學，早歲從事軍、政界，後執教鞭。因中原板蕩而南來香港，後出任新亞書院中國文學系講師。對《史》、《漢》、杜詩甚有研究，而旁通《水滸》、《儒林外史》，著述亦稱富贍。莫氏平素喜扶掖後進，固經師而人師也。

撰者按：年來疫症擾世，香港中央圖書館及新亞研究所圖書館近均

停止辦公。拙藏缺《稊稗集》，而借書無由。此次拙文得以撰就，實承孫博士鼎助，代查書並影印所需資料，深心感激。茲特於文末略述其事，用申謝忱。

原載《國文天地》第 36 卷第 10 期，2021 年 3 月

十七、《錢賓四先生全集》佚文第七篇
——〈題羅錦堂畫蝴蝶四幅〉

　　錢賓四教授《全集》之佚文，余曾作輯佚，其已發表之相關論文凡六篇。拙文多見載臺北《國文天地》、《華人文化研究》等學術期刊。

　　近日，摯友孫廣海博士從香港中文大學新亞書院錢穆圖書館代影印得一九六一年四月十日刊行之《新亞生活‧雙周刊》第三卷、第十六期。該期刊之第二頁載有錢師〈題羅錦堂畫蝴蝶四幅〉一文，余嘗細檢《全集》，則此文無之，知乃佚文也。茲先迻錄全文以饗讀者。

　　錢穆〈題羅錦堂畫蝴蝶四幅〉

　　（一）昔莊周夢為蝴蝶，栩栩然蝴蝶也；俄然覺，則蘧蘧然莊周也。因曰：不知蝴蝶之夢為莊周歟？抑莊周之夢為蝴蝶歟？然周與蝴蝶，其間必有分矣。今羅子錦堂好繪蝴蝶，余意畫蝴蝶，亦必使栩栩如生，使人疑其為蝴蝶飛來紙上乎？抑紙上飛出蝴蝶乎？然畢竟終是一蝴蝶，則可以無所分。不知羅子亦謂然否？

　　（二）莊周何以獨夢為蝴蝶，而不夢為其他鳥獸蟲魚？竊謂蝴蝶本身已屬一化境：其彩色、其飛翔之姿態，皆入化境。今羅子畫蝴蝶，必知此意。人見其繪蝴蝶，不知其止是繪一化境耳。

　　（三）嘗謂蝴蝶有異態、無個性、故能化；若拘拘焉以個性自喜，又烏能化！故莊周以夢蝶為喻，實具深義。今羅子之繪蝶，其將盡泯個性，而益窮異態，超出筆墨而同於化工，使見者但見有蝴蝶，而不見有羅子之筆墨，則斯可已矣。

（四）莊周夢蝴蝶，自喻適志歟！究不知蝴蝶何所志。殆因其無所志，故能適志。余不知羅子畫蝴蝶又何志？然想來羅子亦必有自喻適志歟之感也。

案：錢夫子此篇「題羅錦堂畫蝴蝶」，凡四章。夫子撰文之用心，固擬將羅錦堂先生之畫蝴蝶與莊周夢蝶相勾連，而加以引申並發揮。考莊周夢蝶，典源出自《莊子・齊物論》，莊子撰作此文，旨在說明宇宙萬物均齊同、平等，及具不應分尊卑、上下之齊物思想，該篇末段云：

昔者莊周夢為胡蝶，栩栩然胡蝶也，自喻適志與！不知周也。俄然覺，則蘧蘧然周也。不知周之夢為胡蝶與？胡蝶之夢為周與？則必有分矣！此之謂物化。

余檢王先謙《莊子集解》釋此段謂：「栩栩，忻暢貌。」蓋謂莊周得以化蝶而自樂也。《集釋》又謂：「喻，快也，自快適其志。」竊意此處「喻」、「快」二字皆謂樂也。殆言莊周化蝶後深感適意而快樂也。《集釋》再謂：「蘧蘧，驚動之貌。」此謂莊周夢中驚醒，惟睡眼惺忪，意識迷離，猶不能辨知是「周之夢為胡蝶」，或「胡蝶之夢為周」也。《集釋》其後解「物化」，謂：「周、蝶必有分，而其入夢方覺，不知周、蝶之分也。謂周為蝶可，謂蝶為周亦可，此則一而化矣！」王先謙於此處乃分析「周為蝶可」、「蝶為周亦可」，「此則一而化矣」之情狀，惟其所以能有如此情狀？王先謙未能言其所以然。錢夫子則於〈題羅錦堂畫蝴蝶〉第三章作考究，曰：

嘗謂蝴蝶有異態、無個性、故能化；若拘拘焉以個性自喜，又烏能化！故莊周以夢蝶為喻，實具深義。

錢夫子於此段末句謂「故莊周以夢蝶為喻，實具深義」。所謂深義，殆指莊子有齊物觀念，不以個性自喜，即不以「人」為萬物之靈而自高，故能以平等視蝶，於夢中化蝶，莊周且栩栩然而自樂，深以此為適志也。錢夫子此考，闡述清晰，固足補王先謙說所未及。

有關羅錦堂教授之生平行誼，其出生乃於一九二七年七月廿七日，亦有曰一九二九年者，未知孰是。甘肅隴西人。臺灣大學中文系學、碩士畢業，一九六〇年榮獲臺灣第一位文學博士，乃當代元曲研究大家。其曾出任新亞書院副教授則應在一九六一年，即其獲文學博士之後。故錢夫子此年有〈題羅錦堂畫蝴蝶四幅〉，發表於《新亞生活・雙周刊》第三卷、第十六期以贈之。其後，羅氏定居美國檀香山，歷任夏威夷大學教授逾三十年，以迄退休。

羅教授不惟精擅畫蝴蝶，又好吟詠蝴蝶，其《行吟集》中有詠蝶詩多首，茲僅檢其中一首為例以介，其詩曰：

　　好餐白露性孤高，不逐落花四處飄。

　　莫笑此君筋骨小，也能展翅上青霄。

考古人作詩詠蝴蝶，多詠蝶之戀花栖草，立志頗卑下，其實斯皆非蝶之本志也。羅教授詠蝶則與前人不同，於其筆下之蝴蝶皆能高飛遠引，有凌雲冲霄之志。回觀錢夫子〈題羅錦堂畫蝴蝶四幅〉之第四章，則謂莊周「不知蝴蝶何所志」，又謂羅教授「畫蝴蝶又何志」；惟細讀羅教授詠蝶詩，則謂蝴蝶「性格孤高」，雖「筋骨小」，而「不逐落花四處飄」，反「好餐白露」，又「能展翅上青霄」。蝶能如是，則蝴蝶不惟「非無所志」，實乃樹志孤高；而羅教授畫蝴蝶亦非「又何志」，其立志之高邁，應與蝴蝶同。是故，羅教授畢生愛繪蝴蝶，愛詠蝶詩，其所以如此，則正如錢夫子所言，乃用以「自喻適志之感」矣！是知，羅教授固常以繪蝶、詠蝶自喻，是蝴蝶之志，乃亦羅教授之志也！

原載《國文天地》第 37 卷第 1 期，2021 年 6 月

十八、《錢賓四先生全集》佚文第八篇
——〈孔誕講述孔子學說〉

　　錢穆賓四（1895～1990）夫子一生最尊崇孔聖，最重視研讀《論語》。故其在世時，每逢孔誕，則多作演講，講述孔子學說以為紀念；又曾精心撰作《論語新解》，以深入淺出之筆法，指導世人研讀《論語》；並多事鼓吹，用《論語》以作治學、做人之指南。其於《論語》一書中有所論說，每與何晏《集解》、皇侃《義疏》、朱熹《集注》、劉寶楠《正義》有所不同，故號其書曰「新解」；每有考究，多求突破前人，貢獻不少。考夫子所撰之孔誕紀念講詞，收入《錢賓四先生全集》第五十冊《新亞遺鐸》中，凡三篇，即民國五十年（1961）9月28日撰之〈孔誕與校慶講詞〉、民國五十一年（1962）9月28日之〈孔誕、校慶及教師節講詞〉與民國五十二年（1963）9月28日之〈孔誕暨校慶紀念會講詞〉。近余得孫廣海博士之助，於民國四十七年（1958）3月出版之《孔道》第三期中，又得讀「孔道文摘」項下所載之錢夫子〈孔誕講述孔子學說〉。其文末處有附記一行，曰：「李耀宇摘自去年九月廿九日《華僑日報》。」是則此篇乃錢師撰成於民國四十六年（1957）9月28日者，惟此文不見收於《全集・新亞遺鐸》，固佚文也。

　　錢夫子此文內容豐富，字數頗多，惟為輯佚完整計，仍將全文迻錄，隨而就其內容略事歸納出主旨，以便讀者得以研習錢夫子諄諄之教。

　　孔誕講述孔子學說　　　　　　　　　　　　　　　新亞書院錢穆院長
　　今天是孔夫子第二千五百〇八的誕生紀念日，我們稱孔夫子為大成至聖先師，因為孔子是我國第一位為國人所崇敬的、標準的老師。

人格上的老師

可以說：孔子為我們師，並非是學問上的、知識上的，乃是指人格上的。因為孔子最主要的是以人格教導陶冶我們，所以稱他大成和至聖，是因為孔子在人格上已達到了最理想、合標準的、圓滿的境界。孔子的偉大人格，不但為我們國人所崇敬，而且也為我們東方民族所共同崇敬。如日本、韓國、越南，凡是曾受我國文化所陶冶的東方民族，他們都一致對孔子有共同敬仰與崇拜。例如此次南越領袖去韓，是去參加南韓的祭孔大典，他們今日又趕去臺北參加祭孔盛會。同樣的，日本也尊敬、崇奉孔子。故孔子不僅為中國的孔子，而且是東方民族所共同崇敬的孔子，而且也可說是全世界的孔子。因為今日世界上，西方人也崇敬孔子。照一般人說法，將孔子與耶穌、釋迦牟尼、穆罕默德相提並論，稱為四大教主。其實孔子與他們三位有不同之處，因為他們確是教主，由信仰而各形成一種宗教，但嚴格說來，孔子並非教主，也不是形成一種宗教；第一：因為孔子無廟或禮拜堂，雖有孔廟，但這與耶穌的教堂不同，我國各省、各府、各縣均有孔廟，但並不舉行日常禮拜、公祭，只是有重要的祭祀大典時才行禮，故與別的宗教的教堂不同。第二：不論佛教、基督教、回教，他們均有特別的信徒，如有和尚、神父、教師等，用以專門宣揚其宗教教義，但崇奉孔子的並無一批特別的信徒來專門宣教。故就形式上言，孔子實不能說是教主。但是我們知道，信仰孔子的人並不比信仰別的宗教為少，除了我們五萬萬人以上的中國人外，尚有日、韓、越諸東方民族，且一直有二千多年的歷史了，可說信仰的人數之眾，超過任何一種宗教。

畢生致力於學

孔子并無特別的教堂和教徒，何以崇奉他的會如此之多，且迄今不衰？這完全由於孔子本身的偉大人格精神感召所致，且孔子的教義亦實有一能普遍深入廣大人心的力量在。孔子的教義在哪裏呢？關於孔子一生經歷，與其思想理論，今天不能盡述，我現在只舉出《論語》一書。此書非孔子自著，乃其弟子紀載孔子平常講話，經過整理而編成者，凡中國人都應該讀它。今日它已被譯成世界各國的語文，只要是關心世界文化、人生思想的人，無有不讀它的。各位同

學如尚未讀，則趕快讀；如已經讀過，則還得反覆詳細地再去讀。在《論語》中可看出孔子教義的全體，孔子并不注重如何教，而是重視如何學，故我們稱孔子為教主是不妥的，其根本精神不在教人，而在乎自學。孔子是一學者，一學人，其一生非在教人而在提倡自學。但他並非鼓勵學其一種學問或知識，乃在教如何學做一個人。當然，他是有高深博大的學問的。《論語》開首一篇第一即說：「學而時習之，不亦說乎！」其第一字即為「學」字，是要常常學，時時學，永遠地學，一輩子去學。孔子說：「吾十有五而志於學，三十而立，四十而不惑，五十而知天命，六十而耳順，七十而從心所欲，不踰矩。」他的一生就一直是在學，不僅自己學，並且希望大家一同學。故說：「有朋自遠方來，不亦樂乎！」意即共學。他的原意也並非希望學生如信徒，也不在教人，而是自學，與人共學。故說：「我非生而知之者，好古敏而求之者也。」又說：「十室之邑，必有忠信如丘者焉，不如丘之好學也。」是孔子亦自稱好學。

仁道本於忠恕

孔子一生即是學的人生，他教人亦希望別人與他那樣去學，並非教別的高深哲理。故孔子在《論語》中給人的教訓也並非千篇一律，大都是教人去學，去實踐的話。《論語》並非有系統，也並非為教訓全體人，只用一句話去表達，例如：孔子回答學生同一問題時，也常有不同。如何謂仁？孔子回答弟子時並非用理論去解，而是告訴學生們如何去實踐仁，學到仁，只是告訴學生們應如何去學。孔子答顏淵問仁？曰：「克己復禮為仁。」意即如何用「克己」、「復禮」兩者去學，去下功夫，即可懂仁了。孔子再答其具體的細目，即為「非禮勿視、非禮勿聽、非禮勿言、非禮勿動。」又如孔子答仲弓問仁，曰：「出門如見大賓，使民如承大祭。己所不欲，勿施於人，在邦無怨，在家無怨。」總之，教人是要人在日常生活中去實行如何學做人，此則在《論語》中有說明。孔子是大成了，是至聖了，但他仍很謙虛地對子貢說：「聖則我不能，我學不厭而教不倦。」子貢曰：「學不厭，知也；教不倦，仁也。仁且知，夫子既聖矣。」孔子因自謙，不認為自己是聖人，其實此說見仁見智；這學不厭倦，就是聖善的至高境界。總之，孔子教我們的，最重要的，就是一輩

子去學如何地做一個人。某次子貢問曰：「有一言而可以終身行之者乎？」子曰：「其恕乎？己所不欲，勿施于人。」其實孔子無法用一字回答終身可行這問題的，他只是懷疑地、非肯定地說：「或許是恕吧！」恕者，即是己所不欲，勿施予人；亦即子貢之引伸義：「我不欲人之加諸我也，吾亦欲無加諸人。」即自己所不喜歡的，不可加之予人，這是消極的，是不可作的；但孔子亦沒有講一字，可見其謹慎與謙虛。

孔子并無教條

孔子又說：「有鄙夫問于我，空空如也。」甚至還說：「吾不如老農，吾不如老圃。」所以孔子能虛心地接受，踏實地學習，所以孔子能虛心地接受，踏實地學習，所以他能有無限的造就，在宇宙人生界中能超越的涵蓋特載一切，成為偉大的學者。孔子認為沒有什麼可以教人的，最重要的在乎去學。所以孔子非教主，並沒有一種教條讓世人去奉行作為一種宗教信仰。孔子講仁亦只說：「仁者人也。」即做人做到仁，如此可算一人矣！故孔子對仁的解說也有各種不同的說法，並非一 X 學上的假定與定義，而只是要我們努力去學去做。孔子認為實行恕即是仁，即是要在社會中與人們一起生活，相處得好，並非要脫離這社會；是入世的，而非出世的，單是這一點就很難。因為我們在社會上將遭遇到各式各樣的人，為妥處之，實行恕的道理，故孔子主張「毋意、毋必、毋固、毋我」。即不知的便不要臆測、不要期必、不要熱滯、不要私己。這些不可必得而害仁；絕此四端，才能安命，才能成仁。孔子並不主張一定要固執地去硬做，只要牢守恕的原則就可以。孔子並非一定要為人師，他說：「三人行必有我師焉，擇其善者而從之，其不善者而改之。」這三人中，其中即包括孔子在內，意即處處有向人可以學習的地方，自消極處理，即別人有不善的，亦可作為自己的警惕。孔子無常師，他是一學人，他非一教主，因此我們均應學孔子的「學」。

國人應讀《論語》

中國最特別的，就是可容納任何宗教，任何宗教在中國不受排斥，不會衝突，這即中華民族的偉大處。為了實行恕，故「道並行而不悖」；為了「己所不欲，勿施于人」，於是我們才有了思想、言論、

信仰等等的自由，這才是真正的百家爭鳴，百花齊放。我們普通稱「孔廟」，那是俗話，其實是稱「學宮」，充分表示出學的精神。各位應向孔子學習他那種好學的精神。各位中有信仰基督教，也有天主教的，也有佛教徒，但宗教信仰並不與孔子學有衝突。如讀了佛經，或是基督的聖經，但是仍可讀《論語》。《論語》是中國人的聖經，是東方民族的聖經。現在希望大家回去以後能讀這部寶貴的書，你們自可從《論語》中得到寶貴教訓與啟示。

（李耀宇摘自去年九月廿九日《華僑日報》）

案：錢夫子此文，就內容看，凡分五點：一、「人格上的老師」，二、「畢生致力於學」，三、「仁道本於忠恕」，四、「孔子並無教條」，五、「國人應讀《論語》」。每點均用六字擬題，其修辭甚具匠心與矜慎。

本文第一點「人格上的老師」。主旨謂孔子乃吾人人格上之老師，是故孔子被後人稱為「大成」與「至聖」先師，並備受東方各民族共同崇敬。西方人士亦會尊重孔子，將孔子與耶穌、釋迦牟尼、穆罕默德相提並論。惟孔子並非教主，亦未組成一種宗教，故崇奉孔子者並無一批特別之信徒去專作宣傳；惟信仰孔子之人數不因此而比別種宗教為少。

其文第二點「畢生致力於學」。內容談及孔門《論語》一書，書乃孔門弟子記載其師平日之言行，後經群弟子整理而編成。從《論語》中可看出孔子教義之全體，惟其一生非僅重視教人，更提倡自學，故《論語》開宗明義第一章即曰：「學而時習之，不亦說乎？」是孔子主張「學」而「時習」。孔子於《論語》中又曰：「吾十有五而志於學，三十而立，四十而不惑，五十而知天命，六十而耳順，七十而從心所欲，不踰矩。」再曰：「十室之邑，必有忠信如丘者焉，不如丘之好學也。」讀此數句，足證孔子畢生好學，且敢以「好學」自稱。

其文第三點「仁道本於忠恕」。此項則記弟子問仁，而孔子之答案多非從理論去闡釋，而是忠告弟子如何去實踐仁，去學到仁。如顏淵問仁，孔子答曰：「克己復禮為仁。」意即謂如能從「克己」、「復禮」下功夫，則可知仁，並達成仁。又如仲弓問仁，孔子則答曰：「出門如見大賓，使民如承大祭。己所不欲，勿施於人，在邦無怨，在家無怨。」是孔子乃教人要多從日常生活中去實行仁，與達成完人。又如孔子既是大聖人矣，仍謙虛對子貢曰：「聖則我不能，我學不厭而教不倦。」子貢乃答曰：「學不厭，知也；教不倦，仁也；

仁且知，夫子既聖矣。」是孔門師徒之應對皆各述其真心真意，彼此口心如一。又一次子貢問曰：「有一言而可以終身行之者乎？」子曰：「其恕乎？己所不欲，勿施于人。」孔子所答，言簡意賅，其實恕字，即「己所不欲，勿施于人」。隨後子貢則引申夫子所述之義，曰：「我不欲人之加諸我也，吾亦無加諸人。」是子貢之回應，實深得夫子之用心，且足見孔門師弟之間，平素多談仁道，而其所談仁道，均本之於忠恕。

本文第四點「孔子並無教條」。蓋孔子素謙遜，認為無甚可教其弟子，弟子最重要須努力自學。又孔子不以教主自任，亦無撰作教條而令世人遵奉為宗教信仰。孔子認為恕即是仁，因為在社會上會遇到各式各樣思想性格之人，故彼此相處，須實行恕道。又孔子主張「毋意、毋必、毋固、毋我」，認為人須絕去「意、必、固、我」四端，始能與人平和相處而安身立命，亦方能成仁。且孔子表示不一定要為人師，故曾曰：「三人行必有我師焉，擇其善者而從之，其不善者而改之。」是孔子常擇善從師，且僅自認為乃一位學者。因此吾人如要學孔子，則應效法孔子之好學。

本文第五點「國人應讀《論語》」。錢夫子認為中國人能容納任何宗教，此乃我民族之偉大處。為求實行恕道，則須做到「道並行而不悖」。能如是，方能真正達致不同信念之人能各表思想，百花齊放，百家爭鳴。是以孔子篤信不同宗教之學人，均可學習《論語》。而《論語》乃中國人之聖經，亦為東方民族之聖經，此經之宗旨在「談仁論恕」，孔子且希望人人可從《論語》中獲得寶貴之教訓與啟示。

綜上五點，足見錢夫子之尊孔，且對孔學與《論語》均有深邃之瞭解，故錢師於本文寫來既精要，又深入。吾人讀後，若能認真深思細想，當可得到甚多啟發與教訓。本年（2021）9 月 28 日乃孔子二千五百七十二年聖誕，而是歲亦錢夫子一百二十七歲冥壽，故余特敬撰拙文以為紀念，並資以為《錢賓四先生全集》作輯佚。

原載《華人文化研究》第九卷第二期，2021 年 12 月

十九、永懷李璜（幼椿）教授並記所賜序文

　　民國三十八年（一九四九年）前，中國青年黨為政壇大黨，倡民族主義，反共產主義。三十八年後，活躍臺灣，民進黨政要不乏昔之中國青年黨黨員。民國七十六年（一九八七年），經國先生解除黨禁，紛附民進黨。李璜乃中國青年黨創黨黨魁，亦多屆主席。抗戰時任國民參政會參政員，民國四十四年（一九四五年）六月，任中國聯合國代表團團員，簽署「聯合國憲章」。翌年十一月，任制憲國民大會代表。大陸淪陷赴港，輾轉至臺。今之通儒何廣棪教授為其高足，撰文追念師道，載披所賜序文，深懼乃師德業光澤晞微。

　　策展暨編輯室

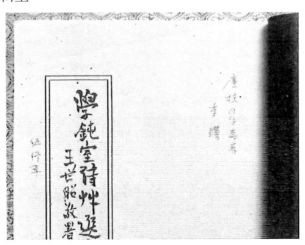

李璜教授簽署手跡

　　恩師李璜教授（一八九五年至一九九一年），字幼椿，號學鈍，又號八千。
四川成都人。中國青年黨創始人，與曾琦、左舜生合稱該黨三鉅子，對青年黨
之發展甚有貢獻。

李璜教授遺影　　　　　　　「中國青年黨五十週年紀念特刊」封面

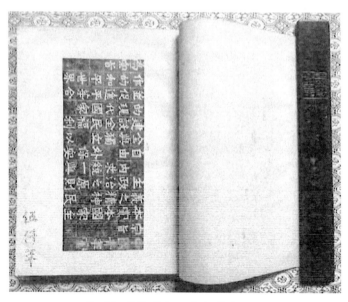

特刊內頁載「中國青年黨宗旨」

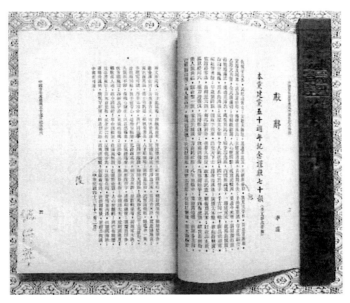

特刊內頁載李璜教授撰「本黨建黨五十週年紀念謹獻七十韻」

　　恩師一九〇八年，年十三，入成都洋務局英法文官學堂學習。一九一四至一九一六年，在上海震旦學院修法語。一九一九年三月，年廿四赴法國巴黎大學留學。一九二四年九月，年廿九，學成歸國，初曾在北京各大學授學，羅香林教授其時在清華大學歷史系攻讀，曾修幼椿師所授課程。其後晚年，二人在香港珠海大學文史研究所任教，羅教授仍稱李璜教授為老師，可知二人有深厚之學術情誼。

　　余於一九七二年九月考入珠海文史研究所。其時羅教授任所長，幼椿師任專任教授，余攻讀該所碩士班文學組。因於入學前已出版《讀書管窺》、《楊樹達先生甲骨文論著編年目錄》二書，後經涂公遂教授推介，並轉呈拙著。楊樹達教授亦羅教授早歲就讀北平清華大學時之老師，故余入學伊始，即受到羅所長垂注。

　　余攻讀碩士班第一年，即以成績優異，考獲文學組第一名，並獲獎學金。該年研究所曾舉行論文發表會，題目由所長訂定，而指派某同學為發表者。羅所長開出《漢賦與楚文學之關係》一題，指定由余發表。當日在研究所進行，羅所長主持，幼椿師評述。回憶當日，所得評語甚佳，不論文章內容、形式、修辭技巧乃發表態度、講述口才都得到幼椿師肯定與好評。其後該論文被收入「珠海書院中國文學、歷史研究所學會叢刊之一」，由所長署耑，並乞王韶生教授賜序，予以出版。

羅香林教授遺影

楊樹達教授遺影

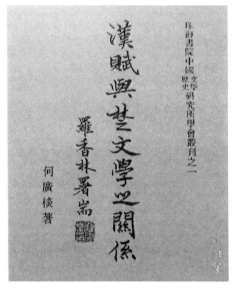

何廣棪教授著
「漢賦與楚文學之關係」封面

王韶生教授遺影

　　上述一事，足見幼椿師及羅、王二教授對余之錯愛。次年，余即在王韶生
教授指導下，以《李清照研究》為題撰就論文，以第一名畢業，榮獲碩士學位。
後得李、王二師推薦，羅所長留余在所及中文系任講師，使余以後數十年能順
利任教大學、研究所，繼續學術工作，培育人材。

修讀碩士學位完畢後，余即考上珠海文史研究所史學組博士班，追隨羅所長鑽研「陳寅恪教授之學術」。為做好治學、研究之入門工夫，余即著手編撰《陳寅恪先生著述目錄編年》，該書後收入「珠海書院中國文學、歷史研究所學會叢刊之四」，仍由羅所長署耑，而倩幼椿師撰序，蓋以幼椿師在法國巴黎攻讀學位，即與寅恪同時，彼此交游甚早，相知甚深，故所長特予邀請幼椿師，並深慶得人。幼椿師晚歲曾撰就《學鈍室回憶錄》，內容富贍，由明報出版社刊行。此序似未被收入《回憶錄》中，固佚文也。茲不以其文為冗長，特予轉錄，俾留鴻爪，藉資紀念。

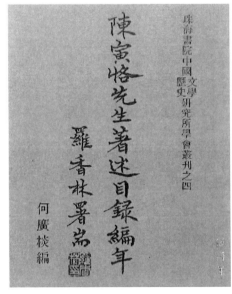

何廣棪教授編
「陳寅恪先生著述目錄編年」封面

李璜教授撰「法國漢學論集」封面

李璜教授序：

「近年我在珠海書院中國文史研究所任導師，於所授的『歐美之漢學』課程第一日開講中，我例勉研究諸生為學須做到廣博與深細兩種工夫。因有兩段話，大意如下：

本課重在說明西方學人研究中國史的方法論，茲所謂方法，要本於歷史學與社會科學。歷史學上之考據工夫，本我乾嘉學派之所長，西方漢學界也受其影響。不過學問之道，日新月異，西方歷史學在十九世紀末期以來，已有長足進步，方法日趨深細，成績斐然可觀。且近七十年中，社會各科相繼發展，無不有其科學的方法，以奠定其觀點；尤其是本於語言學與社會學見地，以之縱

論古今，比較中外，足使新義，層見不窮。

　　不過從事文史考據，固在糾正為文空泛之習與誇誕之譏，然而又不可以鑽入牛角尖裏，只見其小，不見其大；徒矜瑣碎細節，忘卻廣博視野。因是考證之為學，小題不妨大做；但大做之目的，應每在有關於時代之興衰、制度之因革、社會之趨向、文化之交流，以及史事之隱約應予明導，古文之紊誤應予爬梳等等大處著眼，方見識度。

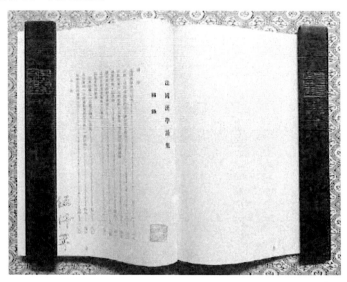

李璜教授撰「法國漢學論集」內頁之一，見「廣棪藏書」印

李璜教授撰「法國漢學論集」內頁之二

　　說了這兩段話後，我便取香港出版之『陳寅恪先生史論集』上下兩冊，令同學去加留意，便於其中可得深細而不離廣博之為學門徑。陳氏家學淵源，博覽群書之餘，又特具古今世界多種語文修養；故以其考證周至而論，實已邁過乾嘉學者；以其著述精審而言，又足助我們去了解近代西方漢學界用力之處。除陳氏之專著外，其論文散篇，對文史上之小題目，往往以獅子搏兔之力，旁徵博引，深入膚理，使新義頓見，令人眼界一寬。陳氏此類工夫，有如法國漢學家伯希和氏平生所作短篇考據與註釋文字，其中特多精品。兩氏同具語文工作甚富，而見識均不同凡響，且又對於一事之疑，一字之不妥而不肯輕輕放過，此其在深細與廣博處均有所成就。

陳寅恪教授遺影　　　　　　　　伯希和教授遺影

　　惜因世亂，陳氏篇章散見國內外報刊，書不易覓，至今尚未能窺全豹。香港近刊之論集不過六十六篇，而臺北學人所紀亦至不全。今何廣棪君竟能搜得九十五篇，為之編目，足見何君為學之勤。且何君此目著重於編年，意在揭示陳氏治學旨趣及其研究路向之演變，尤見何君對陳氏之學，早有心得，難能可貴，故我願為之序於編首。

　　一九七四年五月十一日，香港。」

　　案：敬讀幼椿師之序，足證其教學備課之認真，其授課所述治學方法並多屬金針度人之言，使弟子獲益不淺。至其對陳寅恪教授之學術亦深有認識，尤對陳氏治學深細與廣博兼備之成就有所確認，並加以表彰，此舉更屬難得。至

序末謂余「為學之勤」，又謂「對陳氏之學，早有心得」，斯乃師長激勵之語，余當銘誌於心，終生力行不怠，絕不辜負良師之愛護。

　　羅香林所長不幸於一九七八年四月二十日肝病離世，未幾幼椿師亦移居美國，與子女同居，樂享天倫。以迄一九八四年六月二十八日得蔣經國總統約見，並聘為總統府資政，幼椿師始移居臺北市中央新邨。余在此年聖誕節乃陪同王韶生教授由香港回臺，前往謁見。晤對閒談，幼椿師言及其有回臺之定奪，主要因師母中風，美國醫療費昂，聘用工人照顧亦不易。適蔣總統有禮聘回國服務之意，不得以作此抉摘，其事殊不足為外人道也。

李璜教授撰「學鈍室詩草選書百首」封面

　　羅所長逝世，幼椿師赴美，接任者方豪院士未幾亦病歿，王教授授教新亞研究所，乃邀余轉讀新亞，並改而研治「陳振孫與《直齋書錄解題》」，余乃請王教授任指導教授，題目改為《陳振孫之生平及其著述研究》，一九八九年九月入學，一九九二年論文撰就，獲博士學位。一九九三年七月受聘臺灣華梵大學東方人文思想研究所，初任副教授。未幾送審新撰論文《陳振孫之經學及其〈直齋書錄解題〉經錄考證》，獲教育部升等為教授，繼用此著獲「文化復興獎」。後余又獲行政院頒發「任職滿二十年服務成績優良頒給二等服務獎章」；續利用課餘時間對《直齋書錄解題》作全面研究與考證，成書六種，凡十四大

冊，數百萬言，由花木蘭文化出版社二〇一六年出版。余所以有此成績，皆仰賴幼椿師、羅、王二位教授誘導及激勵而有以致之。

李璜教授撰「學鈍室詩草選書百首」扉頁，見李璜教授簽署

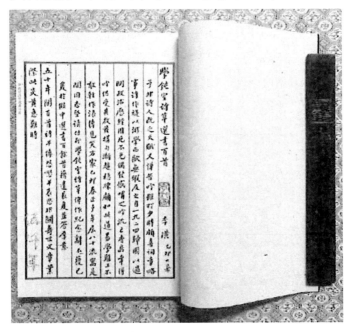

李璜教授撰「學鈍室詩草選書百首」內頁

何廣棪教授手書「李璜教授留存之法文書目錄」

　　幼椿師不幸於一九九一年十一月十五日於臺北逝世,享壽九十有六。余於一九九三年七月始任教華梵,如能早日轉教臺北,則親炙幼椿師之機會增多。憶昔日攻讀珠海文史研究所時,幼椿師居跑馬地,余則住銅鑼灣,有暇造訪其府第。幼椿師喜愛進食法國西餐,常邀往共酌,並得恭聆教誨,聞其指導。如斯之良會,於茲已不可再得矣!

　　　　　　　　　　　　　　　原載伍仟年 Chinese-Heritage 線上博物館

二十、永懷李璜（幼椿）教授──
並記其為余所撰之一篇序文

恩師李璜教授（1895～1991），字幼椿，號學鈍，又號八千。四川成都人。中國青年黨創始人，與曾琦、左舜生合稱該黨三鉅子，對青年黨之發展甚有貢獻。

恩師一九〇八年，年十三，入成都洋務局英法文官學堂學習。一九一四至一九一六年，在上海震旦學院修法語。一九一九年三月，年廿四，赴法國巴黎大學留學。一九二四年九月，年廿九，學成歸國，初曾在北京各大學授學，羅香林教授其時在清華大學歷史系攻讀，曾修幼椿師所授課程。其後晚年，二人在香港珠海大學文史研究所任教，羅教授仍稱李璜教授為老師，可知二人有深厚之學術情誼。

余於一九七二年九月考入珠海文史研究所。其時羅教授任所長，幼椿師專任教授，余攻讀該所碩士班文學組。因於入學前已出版《讀書管窺》、《楊樹達先生甲骨文論著編年目錄》二書，經涂公遂教授推介，轉呈拙著。楊樹達教授亦羅教授早歲就讀北平清華大學之老師，故余入學伊始，即受到羅所長垂注。

余攻讀碩士班第一年，即以成績優異，考獲文學組第一名，並獲獎學金。該年研究所曾舉行論文發表會，題目由所長訂定，而指派某同學為發表者。羅所長開出《漢賦與楚文學之關係》一題，指定由余發表。當日在研究所進行，羅所長任主持，幼椿師任評述。回憶當天，所獲評語甚佳，不論文章內容、形式，修辭技巧及發表態度、講述口才皆得到幼椿師肯定與好評。其後論文被收

入「珠海書院中國文學、歷史研究所學會叢刊之一」，書由所長署耑，並乞王韶生教授賜序，予以出版。

　　上述一事，足見幼椿師及羅、王二教授對余之錯愛。次年，余即在王韶生教授指導下，以《李清照研究》為題撰就論文，以第一名畢業，獲碩士榮譽學位。後得李、王二師推薦，羅所長留余在所及中文系任講師，使余以後數十年能順利任教大學、研究所，繼續學術工作，培育人材。

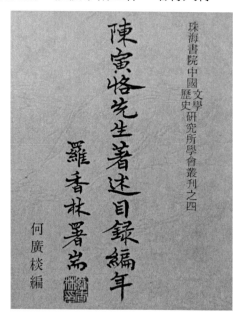

《陳寅恪先生著述目錄編年》

　　修讀碩士學位完畢後，余即考上珠海文史研究所史學組博士班，追隨羅所長鑽研「陳寅恪教授之學術」。為做好治學、研究之入門工夫，余即著手編撰《陳寅恪先生著述目錄編年》，該書後收入「珠海書院中國文學、歷史研究所學會叢刊之四」，仍由羅所長署耑，而倩幼椿師撰序，蓋以幼椿師在法國巴黎攻讀學位，即與寅恪先生同時，彼此交游甚早，相知甚深，故所長特予邀請幼椿師蒞所任教，並深慶得人。幼椿師晚歲曾撰就《學鈍室回憶錄》，內容富贍，由明報出版社刊行。所撰拙著之序似未被收入《回憶錄》中，固佚文也。茲不以其文冗長，特予轉錄，俾留鴻爪，藉資紀念。

　　　　李璜教授序
　　　　近年我在珠海書院中國文史研究所任導師，於所授的「歐美之漢學」
　　　　課程第一日開講中，我例勉研究諸生為學須做到廣博與深細兩種工

夫。因有兩段話，大意如下：

本課重在說明西方學人研究中國文史的方法論，茲所謂方法，要本於歷史學與社會科學。歷史學上之考據工夫，本我乾嘉學派之所長，西方漢學界也受其影響。不過學問之道，日新月異，西方歷史學在十九世紀末期以來，已有長足進步，方法日趨深細，成績斐然可觀。且近七十年中，社會各科相繼發展，無不有其科學的方法，以奠定其觀點；尤其是本於語言學與社會學見地，以之縱論古今，比較中外，足使新義層見不窮。

不過從事文史考據，固在糾正為文空泛之習與誇誕之識，然而又不可以鑽入牛角尖裏，只見其小，不見其大；徒矜瑣碎細節，忘却廣博視野。因是考證之為學，小題不妨大做；但大做之目的，應每在有關於時代之興衰、制度之因革、社會之趨向、文化之交流，以及史事之隱約應予明導，古文之紊誤應予爬梳等等大處著眼，方見識度。

說了這兩段話後，我便取香港出版之《陳寅恪先生文史論集》上下兩冊，令同學去加以留意，便於其中可得深細而不離廣博之為學門徑。陳氏家學淵源，博覽群書之餘，又特具古今世界多種語文修養；故以其考證周至而論，實已邁過乾嘉學者；以其著述精審而言，又足助我們去了解近代西方漢學界用力之處。除陳氏之專著外，其論文散篇，對文史上之小題目，往往以獅子搏兔之力，旁徵博引，深入膝理，使新義頓見，令人眼界一寬。陳氏此類工夫，有如法國漢學家伯希和氏平生所作短篇考據與註釋文字，其中特多精品。兩氏同具語文工具甚富，而見識均不同凡響，且又對於一事之疑，一字之不妥而不肯輕輕放過，此其在深細與廣博處均有所成就。

惜因世亂，陳氏篇章散見國內外報刊，書不易覓，至今尚未能窺全豹。香港近刊之論集不過六十六篇，而臺北學人所紀亦至不全。今何廣棪君竟能搜得九十五篇，為之編目，足見何君為學之勤。且何君此目著重於編年，意在揭示陳氏治學旨趣及研究路向之演變，尤見何君對陳氏之學，早有心得，難能可貴，故我願為之序於編首。

　　　　　　　　　　　　　　　　　一九七四年五月十一日香港

案：敬讀幼椿師之序，足證其教學備課之認真，其授課所述治學方法多屬金針度人之言，使弟子獲益匪淺。至其對陳寅恪教授之學術亦深有認識，尤對陳氏

治學深細與廣博兼備之成就有所確認，並加以表彰，此舉更屬難得。至序末謂余「為學之勤」，又謂「對陳氏之學，早有心得」，斯乃師長激勵之語，余當銘誌於心，終生力行不怠，絕不辜負良師之愛護。

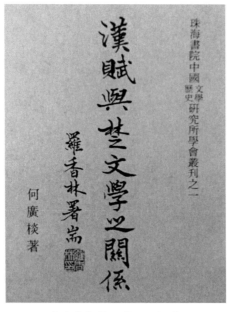

《漢賦與楚文學之關係》

李璜教授

羅香林所長不幸於一九七八年四月二十日肝病離世，未幾幼椿師亦移居美國，與子女同居，樂享天倫。以迄一九八四年六月二十八日得蔣經國先生約見，幼椿師始移居臺北市中央新邨。余在此年聖誕節乃陪同王韶生教授由香港回臺，前往謁見。晤對閒談，幼椿師言及其有回臺之決定，主要因師母中風，美國醫療費昂，聘用工人照顧亦不易。適蔣先生禮聘，乃回臺服務，殆不得以而作此抉摘，其事殊不足為外人道也。

羅所長逝世，幼椿師赴美，接任者方豪院士未幾亦病歿，王教授兼教新亞研究所，乃勸余轉讀新亞，並改而研治「陳振孫與《直齋書錄解題》」，余乃請王教授任指導教授，題目改為《陳振孫之生平及其著述研究》，一九八九年九月入學，一九九二年論文撰就，獲博士學位。一九九三年七月受聘臺灣華梵大學東方人文思想研究所，初任副教授。一九九七年送審新撰論文《陳振孫之經學及其〈直齋書錄解題〉經錄考證》，獲升等為教授，繼用此著獲「文化復興獎」。後余又獲行政院頒發「任職滿二十年服務成績優良頒給二等服務獎章」；續又利用課餘時間對《直齋書錄解題》作全面研究與考證，成書六種，凡十四

大冊，數百萬言，由花木蘭文化出版社二〇一六年出版。余所以有此成績，皆仰賴幼椿師、羅、王二位教授循循善誘及激勵而有以致之。

幼椿師不幸於一九九一年十一月十五日逝世臺北，享壽九十有六。余於一九九三年七月始任教華梵，如能早日轉教臺北，則親炙幼椿師之機會增多。憶昔日攻讀珠海文史研究所時，幼椿師居跑馬地，余則住銅鑼灣，有暇造訪其府第。幼椿師喜愛進食法國西餐，常邀往共酌，並得恭聆教誨，聞其指導。如斯良會，於茲已不可再得矣！惜哉！

原載《國文天地》第 38 卷第 8 期，2023 年 1 月

二一、俞平伯教授致馬士良佚函
第二通考述

　　余於民國九十二年（2003）六月廿三日，曾撰就〈葉君重先生珍藏槐屋居士《書贈陶重華詩卷》跋〉一文，奉詒君重兄，該文後收入拙著《碩堂輯佚札叢》中。「葉君重」兄，名國威，好收藏名家墨寶，余之摯友也。「槐屋居士」，俞平伯教授之號，俞陛雲子，清代鴻儒俞樾（曲園）之曾孫，乃《紅樓夢》研究專家，於學壇甚富盛名。「陶重華」，平伯弟子，晚歲任教臺北之中學。〈書贈陶重華詩卷〉，則平伯所撰佚詩，以贈重華者。

　　余素喜好輯佚，近有幸，又輯得俞平伯致馬士良佚函二通。第一通載見中國書店《二〇〇九年春書刊資料拍賣會・古籍善本專場》圖錄，編號215，甚難得。茲謹先將俞氏致馬士良原始影本迻錄於前，而其釋文則附後，俾便讀者研閱。

　　釋文：

簫雲仁兄惠鑒：久疏音問，為

念。昨奉

來書，審　近候安和。良慰，良慰。

老輩凋零，誠如

尊言。保存文獻，

足下之力非細也。承　示夏老

詩。花之寺，確在右安外三官

廟，卻未去過。廣和居，在北半

截胡同，前曾有一飯之緣，事
在民初，年久印象亦已模胡。
至後淪陷時期，移至西長
安街路南，改名同和飯莊，憶亦去過。肴品尚有
舊風味，再遷西四今地，即迴
異從前矣！《花之寺看海棠
圖》，原冊即在弟處，暇日
惠臨，儘可從容瀏覽；　如擬鈔
寫題詩，希　攜紙來寓，弟
每日下午均在家。前
示以《東園記》，俟面奉。諸容
晤談，即頌
近安

弟平伯頓首
四月十五日

案：函首「籥雲」乃馬士良別字。而本圖錄下則附有提要，其資料頗富，茲亦一併轉載如下，以資參考。

215　俞平伯書札
　　　俞平伯　撰并書
　　　1975 年寫本
　　　1 通 2 頁　紙本　散頁
　　　25.5 × 18.5cm
　　　提要：是爲俞平伯致馬士良書札，附實寄信封
　　　　　　一枚。
　　　　　　俞平伯，1900－1990 年，古典文學研究家、
　　　　　　紅學家、詩人。早年參加新文化運動，爲
　　　　　　新潮社、文學研究會、語絲社成員。新中
　　　　　　國成立後，歷任北京大學教授、中國社會
　　　　　　科學院研究院研究員、九三學社顧問、作
　　　　　　協理事等。
　　　　　　　　　　　　　　　　　　RMB 4,000-5,000

讀者參閱圖錄所附提要，便知平伯致馬士良函，殆寫於一九七五年四月十五日。又提要所記及俞平伯行實頗詳，而於馬士良則一字不載。余因細意翻檢各種中國人名大辭典，均無馬士良之條目。後利用 Google 幫助查檢，始知馬士良乃紹英之子。而紹英傳記，《清史稿》卷三百七十五、〈列傳〉一百六十二附其祖「昇寅」傳末，惟甚簡略。昇寅末所載曰：

　　昇寅，字寶旭，馬佳氏，滿洲鑲黃旗人。……子寶琳，……寶珣。……
　　孫紹祺……紹誠，……紹英，宣統初，度支部侍郎，內務府大臣。

據是則紹英乃昇寅第三孫。再檢 Google 所示資料，又知紹芾字越千，光緒時曾任商務右丞，乃出洋考察憲政五大臣之一，頗得宣統信任，後且擔任內務府總管。撰有《紹英日記》，其書內容豐富，對研究晚清史事甚有參考價值。紹英子即馬士良，又稱世良，字籥雲，曾整理《紹英日記》。士良卒後，其子馬延玉將《日記》送予政府。以上資料，足補《清史稿》所未及。

　　又案：俞平伯此函詳談學術，其內容屬好友閒談往事。函首既謂老輩凋零，推譽士良保存文獻有功。繼而談及「夏老詩」、「花之寺」、「廣和居」，後又言及「同和飯莊」之肴品尚有舊風味。其後則告士良，謂〈花之寺看海棠圖〉原冊仍存其居處，約暇日惠臨，可從容瀏覽。最後謂前此所示之《東園記》一書，則可面奉。總上所述，俞函所談多屬瑣屑小事，無關宏旨，惟從中仍可推知俞、馬二老飲食住行方面頗多同好，而兩人友誼且甚篤厚也。

　　俞平伯致馬士良佚函第二通原本乃中國嘉德國際拍賣有限公司由其子站拍賣，編號為「4805 俞平伯致馬士良書札」，茲將原函影本迻置於前，釋文則列後，俾便讀者參閱。

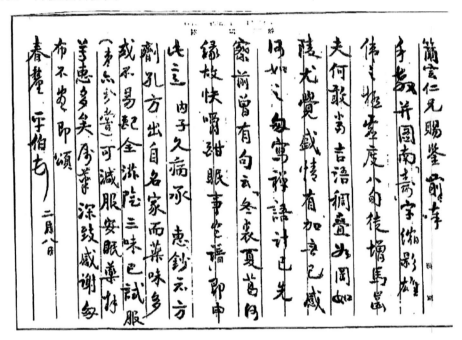

釋文：

簫雲仁兄　賜鑒：前奉

手教，並圖南「壽」字縮影，雄

偉之極。虛度八旬，徒增馬齒，

夫何敢當。吉語稠疊，如岡如

陵，尤覺盛情有加無已，感

何如之。匆寫禪語，計已先

察。前曾有句云：「冬裘夏葛何

緣故，快嚼酣眠事豈諳。」即申

此意。內子久病，承　惠鈔示方

劑。孔方出自名家，而藥味多

或不易配全。滋陰三味已試服，

（弟亦分嘗）可減服安眠藥，拜

尊惠多矣！屬筆深致感謝。匆

布不盡，即頌

春釐

平伯頓首

二月八日

案：考本函件第三行有「虛度八旬，徒增馬齒」之語，平伯生卒年既為一九〇〇～一九九〇，是其歲之八旬，應在西元一九八〇年，則可推知俞函之撰就，即在一九八〇年二月八日。蓋馬士良贈「壽」字及吉語祝賀，故平伯奉函以表謝忱。函末則謝馬氏惠鈔方劑，以治其夫人失眠症，夫人乃「囑筆深致感謝」。讀此函，足見俞、馬二氏交情深厚，有事彼此相扶持。

　　此二函頗富文獻價值，倘能善用其材料，固可增補《俞平伯年譜》之未備，又可增加對馬士良友誼認知之資料。由是觀之，凡研治中國傳統學術者，其於輯佚方法殊應多加運用，斯事豈可忽乎哉！

原載《新亞論叢》第 22 期，2021 年 12 月

二二、俞平伯教授致馬士良佚函第三通考述

　　余對俞平伯教授佚詩、佚函輯佚之工作頗有緣份，約距今二十年，其時仍在臺灣華梵大學東方人文思想研究所任教職，因緣際會認識葉國威先生，並借得其珍藏〈槐屋居士《書贈陶重華詩卷》〉真跡以為賞覽。詩題上之「槐屋居士」，即指平伯翁也。其後承國威先生推愛，命為平伯翁贈陶重華詩真跡撰跋。該跋後收入拙著《碩堂輯佚札叢》中，取題為〈葉君重先生珍藏槐屋居士《書陶重華詩卷》跋〉，跋題之「葉君重先生」乃國威先生別字。余撰作此跋，固可被視為學術研究得與平伯老結緣之伊始。

　　去歲（2021），余有幸輯得平伯翁致馬士良佚函二通，其第一通見載中國書店《二〇〇九年春書刊資料拍賣會・古籍善本專場》圖錄，編號二一五；第二通之原件則由中國嘉德國際拍賣有限公司子站拍賣，編號為「4805 俞平伯致馬士良書札」。其後余乃就此二函影本上資料，撰成〈俞平伯教授致馬士良佚函二通考述〉，並送《新亞論叢》第二十二期（2021 年）以求發表；不意疫情嚴重，出版工作拖延，拙文迄今未能面世。

　　今年農曆年假，家居檢閱北京圖書館出版由姜尋先生主編之《中國古籍文獻》，其書凡四冊，內容豐贍。余於此書第一冊頁一九一處，又獲得俞平伯致馬士良書函影本一通，斯則余獲得俞老佚函第三通也。茲謹將原件影本排於下頁，釋文則附於下，以供讀者研閱。

釋文：

士良先生：日前

惠臨存問，以^弟等均臥病，未得迓

晤，至為歉仄。

承贈芝草，又

示以大作，尤感。前蒙

惠假書籍，希於暇日來寓攜歸。^弟

近體尚可。頃友人曹君鑴貽小印，甚精。

即附鈐於後。總候

大安

^弟平伯頓首　四月廿四日

案：此函中有「承贈芝草」一語，考許慎《說文解字・艸部》曰：「芝，神艸
也，從艸，從之。」又考孫綽〈游天台山賦〉曰：「非夫遺世玩道，絕粒茹芝，
烏能輕舉而宅之。」則「承贈芝草」之語，殆指平伯因獲士良指點，飲用靈芝
聖藥，身體得以康服。余又復檢讀平伯翁寄馬士良佚函第二通，上載謂平伯「內
子久病，承惠　鈔示方劑。孔方出自名家，而藥味多或不易配全。滋陰三味已
試服，（弟亦分嘗）可減服安眠藥，拜尊惠多矣！」據此可推知士良應精通中

醫學，平伯夫婦「承贈芝草」而受其賜。至函中道及士良惠假俞老之書籍究為何書？又函中言及曹君鐫印甚精之曹君，其名字為何？讀者如有知之者，希一併賜示為感。再者，有關俞、馬二老之生平，余於〈俞平伯教授致馬士良佚函二通考述〉文中已詳及之，茲不再贅。

俞、馬二老，友誼甚篤，魚雁往返應甚富。至希他日仍有書函發現，余可再撰蕪文，另行奉悉。

原載《國文天地》第 37 卷第 11 期，2022 年 4 月

二三、俞平伯教授致馬士良佚函
　　第四通考述

　　余剛於臺北市《國文天地》第三十七卷、第十一期（四月號）發表〈俞平伯教授致馬士良佚函第三通考述〉，其文末曾謂：「俞、馬二老，友誼甚篤，魚雁往返甚富。至希他日仍有書函發現，可再撰蕪文，另行奉悉。」果爾皇天不負有心人，日昨居家翻檢北京圖書館出版社《中國古籍文獻拍賣圖錄》第三冊，頁八六〇內竟發現俞平伯致馬士良書函另一通，函中並附平伯老所撰六句體律詩一首，甚可珍貴也。茲謹先將俞函影本呈前，以供欣賞；其釋文則附後，俾便讀者參酌。

釋文：

今年正月，戲為六句體律詩，殆前所未有，誠為妄作。及六月，又
修改之。諸葛周郎合一身，羅家演義又翻新。鞠躬盡瘁與評確，如
飲醇醪昔喻真。留得鄧林佳氣在，夸父逐日，棄其杖，化為鄧林。陶淵明
〈讀山海經〉語曰：「餘迹寄鄧林，功竟在身後。」雲雷五變接班人。《周易》：
「雲雷屯，君子以經綸。」

　　　　　　　　　　　　　　　簫雲仁兄吟教
　　　　　　　　　　　丁巳歲俞平伯　時客永安南里

案：平伯翁撰此詩，凡六句，每句七字，此種詩格蓋前所未有者。六句大字，
其下之小字則注語也。大字首句用《三國演義》故事，「諸葛周郎合一身」，喻
士良家族皆文武全材也。次句「羅家演義又翻新」，則用《說唐全傳》羅藝、
羅成父子事唐高祖，太宗事蹟，用喻馬氏家族之事清世，時順時逆，然終亦能
鞠躬盡瘁以事宣統，而獲盡好評。第五句用《山海經》及陶淵明詩之夸父逐
日，棄杖以成鄧林故事，乃喻功竟在身後，亦推譽馬氏族人之功績。末句用
《周易·屯卦》「雲雷屯，君子以經綸」典故，再推崇士良祖孫治事有法，至
士良時，已經五代，故謂「五變接班人」！讀此詩，固知平伯翁對士良及其家
族之崇尚，亦可謂至隆也。

　　又案：函末之「簫雲仁兄」，殆指士良；簫雲，士良別字。別字下之「丁
巳歲」，乃指一九七七年，即此函之作年。考俞平伯之生卒年為一九〇〇至一
九九〇年，則撰此函時，平伯七十八歲。「時客永安南里」，永安，或指湖南瀏
陽縣也。待考。

　　余近研閱《中國古籍文獻拍賣圖錄》第三冊，於俞平伯教授之佚函仍有所
獲，新得之佚函有載及與葉聖陶唱和詩，容俟研究，另撰考述以敬告讀者。

　　　　　　　　　　原載《國文天地》第 38 卷第 2 期，2022 年 7 月

二四、俞平伯教授致馬士良佚函
第五通考述

　　俞平伯教授與馬士良二老，生前友誼甚篤，雖常相隔二地，仍魚雁頻通，情辭懇切。二老離世後，平伯老生前致士良翁書函，均陸續被北京等地拍賣行散售而出。余與平伯老頗結文字緣，年來於北京等地拍賣行出版圖錄中，檢讀得俞氏佚函凡五通，閱後撰成「考述」，多發表於臺北市《國文天地》、《新亞叢刊》等期刊上。近日於北京圖書館出版社刊行之《中國古籍文獻拍賣圖錄》第三冊，頁八六〇上，又檢閱得俞氏致馬士良書函影本一通；俞氏函內且附錄葉聖陶與俞平伯二人七絕唱和詩各一首，遂使此函之學術價值錦上添花，殊可貴也，茲先謹將俞函影本呈於下頁，以供讀者研閱，而影本之釋文則如下，俾便愛好者參酌。

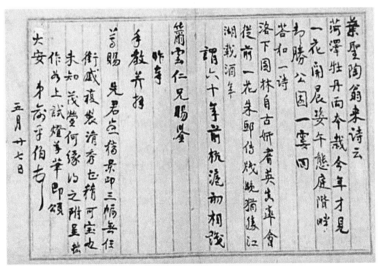

釋文：

葉聖陶翁來詩云：

菏澤牡丹兩本栽，今年才見一花開。

晨姿午態庭階畔，却勝公園一霎回。

答和一詩　俞平伯

洛下園林自古妍，耆英生率會從前。

一花朱邸傳箋晚，猶勝江湖載酒年。

謂六十年前杭滬初相識。

箎雲仁兄賜鑒：

昨奉

手教，并拜

尊賜　先君畫稿景印三幅，無任

銜感。複製清秀甚精，可寶也。

未知　茂萱何緣得之。附呈拙

作如上，試燈羊筆。即頌

大安　弟俞平伯頓首

　　　　　　五月廿七日

案：俞老此函頁首即引錄葉聖陶先生與其本人唱和詩，各七言絕句一首。考葉聖陶（1894～1988），原名紹鈞，字聖陶。江蘇蘇州人。一九二三至一九三〇年曾任商務印書館國文部編輯，間在復旦大學兼任。一九三〇年任開明書店編輯。抗日戰爭期間，在武漢大學、重慶中央國立戲劇學校執教。抗戰勝利後任中華全國文藝界協會總務部主任。晚歲出任全國政協副主席、中央文史館館長、中國民主促進會主席等職。一生任職教壇、政壇，而對學術文化亦卓有貢獻。有《葉聖陶文集》三卷行世。以上葉聖陶生平資料，乃據上海辭書出版社《中國文學家辭典》詞目表「現代文學家・葉聖陶」條剪裁而成，足供欲知人論世者參考。以下續考聖陶先生詠牡丹七絕，其首句「菏澤」乃地名。檢臧勵龢等編《中國古今地名大辭典》載：「《書・禹貢》：『導菏澤。』又『濟溢為滎，東出于陶丘北。』又『東至于菏。』蓋濟水所經，至是瀦為澤也，在今山東定陶縣北。」讀上引材料後，應悉「菏澤」之典源。此詩首句所寫「菏澤牡丹」應是名種，是以聖陶翁家居，亦栽種二本以供賞玩。惜時過經年，所栽牡丹僅見「一花開」也。惟葉翁筆下，此花姿態甚妍美，「晨姿午態」展現庭階畔，

令人眷戀，較之公園雖群花遍植，而不耐遊人觀賞，故葉老抵園未幾，亦一晃即回。再談平伯翁之答和詩，其首句以洛陽牡丹之嬌妍，用比「菏澤牡丹」之俏美。次句乃追憶從前，不論耆老英俊均聚首於洛園。「一花朱邸傳箋晚」句，則怪責葉詩傳來牡丹開花訊息稍晚。句中「朱邸」一典，實出南朝謝朓〈拜中軍記室辭隨王箋〉之「朱邸方開，效蓬心於秋實。」又唐李商隱〈過伊僕射舊宅〉詩亦有「朱邸方酬力戰功，華筵俄歎逝波窮」句。「朱邸」一詞，本指古時諸侯朝見天子居京師之住所，其門用朱紅塗漆裝點，故有此名。至俞詩借用此詞，蓋用以表彰葉聖陶，其在新中國之政治地位有似諸侯，則褒譽殊隆矣！俞詩句「猶勝江湖載酒年」，乃用李商隱〈無題〉詩「落魄江湖載酒行，楚腰纖細掌中輕。十年一覺揚州夢，留得青樓薄倖名」詩意。詩末附注「謂六十年前杭滬初相識」，殆指俞、葉二老早年初結識之時與地，又暗喻葉老目前之成就固遠勝壯年也。

又案：俞老此函末處乃寄馬士良書信之主要內容，「簫雲」二字，士良別字也。函中所言之「先君」，乃指平伯翁離世父親，即俞陛雲。陛雲生平情實，知之者略鮮，茲無妨徵引《中國文學家辭典》詞目表七「清及近代文學家‧俞陛雲」條，以為推介：

> 俞陛雲（1868～1950）近代文學家。字陛雲，浙江德清人。俞樾孫，俞平伯父。光緒二十四年（1898）會試成進士，殿試一甲三名及第，授編修。二十八年，出任四川鄉試副考官。入民國，寄寓北京。詩詞俱雅正，詩工七律，風格在吳偉業、陳恭尹之間。著有《小竹里館吟草》、《樂靜詞》、《入蜀驛程記》、《國朝閨秀詩話》、《詩境淺說》、《宋詞選釋》。

讀前引俞函，吾人始知悉俞陛雲兼擅丹青，《中國文學辭典》竟缺載此事，俞函足補其失，於此可見佚函之可貴。俞陛雲所繪畫稿三幅，後為「茂萱」得之。茂萱殆為士良子侄輩乎？其人應亦崇敬俞陛雲兼及其畫藝者。惜余腹儉，於茂萱生平略無所知，無能多考矣！今後如仍獲俞平伯佚函，容俟考述。

原載《國文天地》第 38 卷第 3 期，2022 年 8 月

二五、王韶生教授之一篇佚文——《漢賦與楚文學之關係》序

王韶生（懷冰）教授乃余之恩師，拙撰碩士論文《李清照研究》、博士論文《陳振孫之生平及其著述研究》均由恩師悉心指導，獲得優良成績。《李清照研究》乃攻讀珠海文史研究所時之撰，論文得所長羅香林（元一）教授讚賞，畢業後即被留校任講師。余由是遂得以步入大學教學之途，繼而升任副教授、教授，此皆僥倖之至也；《陳振孫之生平及其著述研究》乃就讀新亞研究所撰寫之博士論文，全篇發明富贍，深受饒宗頤、王叔岷、蘇瑩輝等教授欣賞。畢業未久，即蒙蘇教授推薦前往臺灣華梵大學東方人文思想研究所，初任副教授，繼升等為教授。追源其始，皆因深受多位恩師愛護與栽培之賜。上述種種恩德，殊令人深記心懷，畢生難忘。

余於一九七二年九月考入珠海文史研究所文學組，羅所長安排追隨王教授研究李清照。次年春間，所方開辦學術討論會，編排研究生撰作論文，出席參加會議，以為培訓。論文題目由所長裁定，並安排研究生在研究室面對全所師生宣讀發表。羅所長訂定余須撰寫之文題為〈漢賦與楚文學之關係〉，論文並須事前認真撰就，影印妥當，發表日宣讀前派發。猶憶發表當天，羅所長任主持，李璜（幼椿）教授作評述，在座教授可隨意發問。所幸當天表現良好，李教授對論文內容、撰作形式、修辭技巧及現場表現均表示滿意，其他教授皆給予好評。會後，羅所長談及擬就研究生宣讀之論文擇優出版，編為「珠海書院中國文學、歷史研究所學會叢刊」。其後拙文被選為「叢刊之一」，出版時由所長署耑，另請王教授賜序。韶生教授著作富贍，其學術論文出版物有《岳雪

廬叢稿》、《懷冰文錄》、《懷冰室集》、《懷冰室續集》、《懷冰室三編》等。印象
所及，王教授此序文似未被收入上述各書中，是則此篇固佚文也。教授生於西
元一九〇四年，卒於西元一九九八年。其行狀乃余承命而恭撰，後收入《懷冰
室集三編》中。今年乃教授冥壽一百一十八歲，特檢出此佚文以資補遺，並誌
追思。

　　謹將《漢賦與楚文學之關係》一書羅所長署耑之圖錄，暨王教授所撰拙著
之序文，迻錄於下，以備參研。

何子廣棪。比於珠海學術討論會敷陳漢賦與楚文學之關係專題。徵
引群書。文辭辨博。信乎其為徵實之學也。夫詩騷與賦。同義異體。
總其歸趨。實相枝幹。其大略有抒情與言志者焉。有體物與述事者
焉。然詩之為體大而該。其用博而能通，騷則長於言幽怨之情。而
不可登之廟堂。賦能體萬物之情狀。而沒諷諭之義。要之。含英咀
華。偉詞自鑄。皆一代之文學也。
昔章實齋有言。劉班詩賦一略。區分五類。而屈原陸賈荀卿定為三
家之學。是則賦之為用。於抒情體物之外。尚有縱橫之遺風。相如
子雲諸家是已。然肇錫嘉名。則荀況禮智。宋玉風釣。若語其源流。
興於楚而盛於漢。舍人固先我言之矣。何子力陳楚文學影響於漢賦。
誠確見耳。
近人之論楚文學者。有以屈原比擬荷馬。為箭垛式人物者矣。有以

為屈原作品。出於淮南王安之手者矣。使其言是。安敢以為非耶。使其言非。安得以為是耶。夫辯。則有當矣。

何子性嗜書。斐然有述作之志。頃出斯編。以資商兌。爰識數語而歸之。史遷所謂好學深思。心知其意者。解人殆不如是耶。

癸丑端午後一日王韶生序於香港珠海文史研究所

案：王教授此序，其所論述殆有三義。首言詩、騷與賦乃同義異體。要之，含英咀華，偉詞自鑄，皆一代之文學也。次言賦之為用，抒情、體物外，尚有縱橫之遺風。語其源流，則興於楚而盛於漢，清儒章實齋固先言之矣！其三則謂近人論楚文學，雖有是非失實處，如辯之則有當矣！至序中推譽拙文為「徵實之學」與「好學深思」，殆皆賢師激勵之詞，用為弟子指出向上之路矣！吾輩猶須緊誌之，勿驕傲也。

王教授為拙著撰序，又有《李清照研究》一篇。該序似亦未收入《懷冰室集》諸書中，乃夫子另一佚文也。容俟有暇檢出，撰文敬予推介。

原載《國文天地》第 38 卷第 6 期，2022 年 11 月

二六、王韶生教授佚文第二篇考述——
為拙著《李清照研究》所撰序文

　　恩師王韶生（懷冰）教授著作頗富，即以論文結集計算，已面世者有《岳雪廬叢稿》、《懷冰文錄》、《懷冰室集》、《懷冰室續集》、《懷冰室三編》五種。以上諸書，所蒐得作品雖多，然不免仍有漏網之魚。月前，余曾於臺北《國文天地》第三十八卷、第六期（總 450 期）發表〈王韶生教授之一篇佚文——《漢賦與楚文學之關係》序〉，茲又檢得另一佚文，故撰成斯篇，以作拾遺補闕。

　　《李清照研究》乃余攻讀珠海文史研究所時撰寫之碩士論文，由懷冰師悉心指導，二年內順利撰就，成績優異，且幸獲研究所所長羅香林（元一）教授推譽，全級評分第一。余因是得獎學金，且畢業後獲留所服務，並任講師。拙著後由臺北市九思出版社印行，書倩涂公遂教授題耑，王韶生教授賜序，收為《九思叢書》第十八種。茲謹將王序全文排列於下，以供愛好者研閱。

　　王序

　　北宋詞家李清照，天才橫溢，睥睨當時，其名章秀句，當日已深為辛稼軒所折服。且不特倚聲精深婉麗，即其詩文，亦戛戛獨造，境界自闢。若〈詞論〉掎摭利病，詆諆群公，豈比詹詹小言乎？不幸身丁靖康之亂，流離顛沛，既喪所天，復遘儓父，金石收藏，蕩然俱盡，斷蓬泛梗，飄泊何之，蔓莠毀興，千秋銜恨，抑何才豐而命蹇耶！

　　然自宋迄清，研究李清照者，多側重其事迹考證，及作品輯佚，此

殆為一時風氣所趨。近三四十年，龍沐勛、夏承燾諸人出，精研詞學，始用文學欣賞角度，予其詞以恰當之評價。蓋前者為考據之事，而後者為詞章之事也。然迄未有作全面性深入檢討及評論者，有之，則自茲編始。其中臚列種種問題，一一加以辯證，作出總結，洪纖畢錄，終始條理，其善可知已。

何子廣棪，博學多聞，篤嗜詞學，於《漱玉詞》尤有賞心。曩歲成《李清照研究》一書，斟酌群言，折衷眾說，而措詞安雅，往往引人入勝。且平日對於版本目錄之學，寢饋功深，此對於辨偽考證，裨益甚大，故能合考證詞章，一爐共冶。昔章實齋有言：「後人之學，勝於前人，迺後人智慧之所應爾。」茲編殆集其大成者耶！行付剞劂，忻覩厥成，爰泚筆以弁其耑。

一九七七年六月一日
王韶生序於香港珠海文史研究所

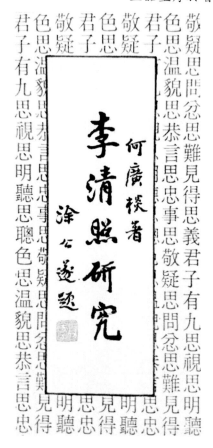

案：王教授此〈序〉，凡分三段。首段褒譽易安居士所撰詩文、詞賦、〈詞論〉之成就，而哀傷其於靖康亂後之顛沛流離，才豐命蹇。次段言自宋迄清四朝，研究清照之學者多側重對其事迹考證與作品輯佚，而鮮能從文學欣賞角度予其作品以恰當評價，更未見有針對其人其學作全面性深入檢討與評論者。末段則論及《李清照研究》撰者之易安學，推譽似有過隆，余殊不敢當也。王序寫成於一九七七年六月一日，時光流逝，屈指算來，距今已近半世紀矣！至涂公遂教授題耑拙著，其書藝卓爾不凡。茲亦迻錄於〈序〉下，以資讀者觀賞。

　　王教授（1904～1998）、涂教授（1905～1992）二老，離世轉瞬已近三十載。不才斯文之撰，除用以拾遺輯佚外，亦順表賢弟子於其師永恆之紀念也！

　　　　　　原載《國文天地》第 38 卷第 9 期，2023 年 2 月

二七、涂公遂教授佚文三篇考述——為拙著《讀書管窺》、《宋詞賞心錄校評》、《李易安集繫年校箋》所撰序

　　余年逾弱冠，就讀清華學院文史研究所碩士班，即隨涂公遂教授問學。公遂師（1905～1991），字艾廬，學行兼勝，著作甚富，與人交往每多謙退，且號「不慍齋」以自律，余深心敬重之。

　　余受涂師之善誘，竊好著述，尤喜撰作讀書札記，投稿港、臺各報章、期刊，以謀發表。未幾積文成書，乃命名《讀書管窺》，一九七〇年二月交由新亞圖書公司出版，並乞涂師為之序，其序曰：

> 何子廣棪編次《讀書管窺》，將以付梓。余覽其文，析疑拔理，樸實精眓，發覆闡微，踰凡濟陋，足徵窮研之有得也。夫博約之功，躋踪前哲；誤偽之辨，振響今時；惟其病：或在躁進，或在臆度，或淺嘗而屢，或臨歧不反；其甚者：或驚奇貪異，或倍本趨末，皆不足以言學也。何子之作，馳騁康莊，卓爾周視，其進日遠矣。是為序。
>
> 　　　　　　　　　　　　　　　一九七〇年元月八日涂公遂

涂師序中於余頗多激發鼓勵之辭，余甚望早日達成之。

　　《讀書管窺》成書之前，余本已編撰有《宋詞賞心錄校評》，以為清華學院文史研究所碩士論文。《宋詞賞心錄》乃晚清端木埰所選錄，用以詒贈好友王鵬運者。民國時，盧冀野購得王氏四印齋舊藏此書影印本，乃交上海開明書局版行；余則據開明版作校評而成此書。後呈涂教授審閱，涂師閱而喜之，代轉送臺北正中書局刊行，並賜序，且代署耑。其序云：

何子廣棪得端木埰選錄《宋詞賞心錄》一冊，蓋四印齋舊藏，故友盧冀野君所影印者也。憶辛未至戊寅，余與邵次公先生同執教於河南大學。壬申冀野至，甲戌後南歸，藝文商略，懽益相從者凡兩載。次公博學洽聞，倚聲逼清真堂隩。冀野才華籍甚，從吳梅治曲學，蜚聲一時。兩君著述文字，皆當代金玉也。旋蘆溝橋戰起，次公侘傺長逝；後數年，冀野亦病歿金陵。天命靡常，珪璧摧毀，痛何可言。今手此冊，次公墨蹟猶新，冀野聲容如在，悼時感舊，不覺泫然。而諸耆彥題記中，小石、霜厓、翼謀諸先生，皆曾承教而久所欽慕者，讀其文，猶能想見其言貌風範，低徊悽惻，殆不自勝。因勉何子重印之以永其傳。何子治學精勤，後集古今評論，分為箋注。此不獨增耀子疇前輩與冀野之遺志，其嘉惠於後學者尤足多也。是為序。丙午四月涂公遂。

涂師此序，聲情並茂，內容所記，足為晚清詞學史料觀。文中提及之干支，「辛未」為一九三一年，「戊寅」為一九三八年，「壬申」為一九三二年，「甲戌」為一九三四年。文後提及之「邵次公」，即邵瑞彭，「小石」即胡小石，「霜厓」即吳梅，「翼謀」即柳詒徵。序中所及諸賢皆當時詞曲名家，多任教河南大學與中央大學者。涂師撰作此序，署年為「丙午」，即一九六六年。惟正中書局出版拙作，其後已延至一九七五年十月，故《宋詞賞心錄校評》雖寫成在前，而其面世反比《讀書管窺》後五年也。

　　一九七八年七月，余又編著《李易安集繫年校箋》。書成，仍乞公遂師題耑及賜序。涂師親筆所撰之行書序，書藝與文采兼勝。茲謹影印其序文（如圖一），以供珍賞；釋文則附於下，以便讀者研閱。

　　《李易安集繫年校箋》序

　　宋詞之有李易安，亦猶唐詩之有岑、高，若論巾幗，直李、杜耳！易安才性高慧，情思靈奇，倚聲摛辭，工麗精妙，諸家折服，南渡之後，尠可比倫也。何子廣棪素尊易安，凡涉易安詩文、本事、品評諸作，無不精研參證，亘十數年而不輟。舊歲曾著成《李清照研究》一書，現已傳誦士林，今更譔《李易安集繫年校箋》，都數十萬言，深稽詳考，踰於前書，治易安者歎觀止矣！茲將付梓，欣綴數語以張之。

　　　　　　　　　　　　一九七九年夏月涂公遂於九龍不慍齋

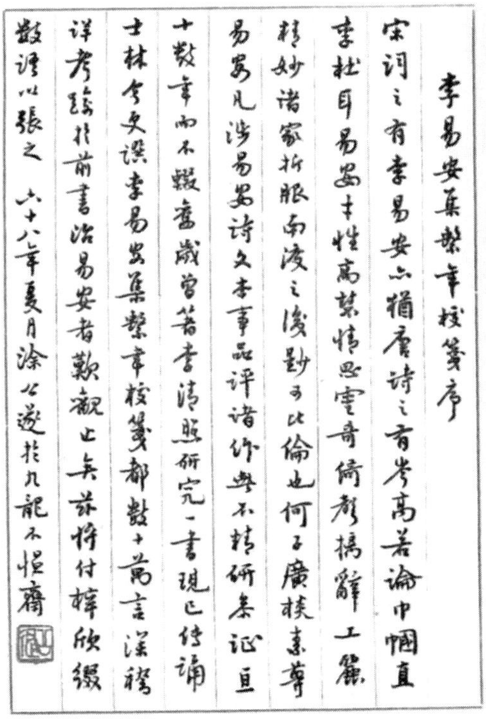

圖一　《李易安集繫年校箋》序文

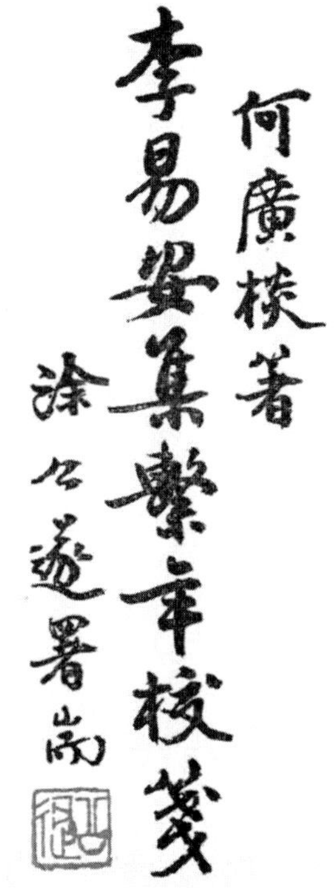

圖二　《李易安集繫年校箋》書影

涂師此序，一力推崇易安，譽之為巾幗李、杜，非虛語也。其後一九八○年一月，拙著乃交由臺北里仁書局出版。余用以申請升等副教授，竟爾成功，雖幸運，斯亦涂師一序之助也。涂師暮歲擬將其早年所撰文史著作加以輯理，成《艾廬文史論述》，命余協從校讎，交臺北文史哲出版社印行。全書凡收佚文六篇，前五篇皆文史專著，第六篇則收及序言，其篇題為〈淺談格義〉（《梵音雜誌》序言）。至為拙著所撰三篇序言則一時欠收，殊可惋也。茲特撰此拙文，予以補上，俾愛閱《艾廬文史論述》之讀者，求賞閱涂師序文，得以較完備也。涂師逝於一九九一年，今年乃其往生之三十周歲。故斯蕪文之撰，既可為《艾廬文史論述》拾遺補闕，另則擬用以敬致余對涂師永恆之懷念矣！

　　　　　　　　原載《國文天地》第 37 卷第 4 期，2021 年 9 月

二八、涂公遂教授佚文第四篇——
涂同軌先生《孕雲盦詩》跋語

　　涂公遂教授（1905～1991）著作等身，其佚文留存於世，未蒙輯理。月前，余撰就〈涂公遂教授佚文三篇考述〉，發表於臺北《國文天地》三十七卷第四期（9月）。近日檢點家中藏書，竟於涂同軌先生《孕雲盦詩》一書卷末，得讀公遂師親筆所撰跋語。辭情哀怨，感人至深，斯乃公遂師另一佚文也。茲先將其墨寶影本列示，以供欣賞；其釋文則附後，俾資讀者研閱。

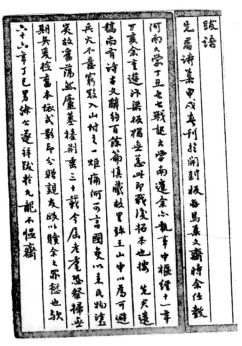

釋文：

先君詩集，甲戌春刊於開封，板存馬集文齋，時余任教河南大學。丁丑七七戰起，大學南遷，余亦執事中樞；經十一年丁亥，余重遊汴梁，板猶無恙。此即戰後拓本也。按先君遺稿尚有詩古文辭約百餘篇，慎藏故里彌王山中，以為可避兵火；不意窮寇入山，付之一炬，痛何可言。國變以來，民物塗炭，故舊蕩然，廬墓榛荊，垂三十載。今屆老耄，恐祭掃無期矣！爰檢舊本，依式影印，分贈親友，政以贖余之罪愆也歟？

六十六年丁巳，男涂公遂拜跋於九龍不慍齋。

案：《孕雲簃詩》重印本，即余承涂師之命代為處理者，其後贈我之冊，內頁即有涂師附語，曰：「廣棪賢弟惠存：承　勞神印刷事宜，並此鳴謝。涂公遂敬贈。丁巳冬月。」

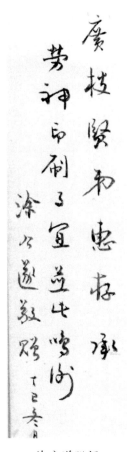

涂公遂附語

丁巳，一九七七年也。至跋語所記其餘干支，「甲戌」為一九三四年，「丁丑」為一九三七年，「丁亥」為一九四七年。涂師為此書撰跋語時，年齡亦七十有三矣，撫今憶昔，故不期然發出「今屆老耄，恐祭掃無期」之悲歎。涂同軌先生，字容九，江西義寧人，精於詩，曾師事張公束、王夢湘、林夷俶諸詩壇老輩，而與陳散原同邑，惟行輩較晚。《孕雲盦詩》，公遂師初印於一九三四年甲戌，其書首有邵瑞彭撰序，序文盛稱同軌先生詩，曰：

> 涂容九先生為吾友公遂尊人。其為詩也，才美而筆妙，性篤而語真，上囊八代，出入唐宋，奄有西崑、江湖之長，而其託興淵微，發言潭邃，則又脗合歐、王、雙井諸家，變通而神明之。夫其登山臨水，感物懷人；濯纓彭蠡之波，立馬匡君之阜；揮絃而昆難夜啼，舒嘯則霜鐘應律；獨契神理，高謝言詮；按節長吟，盡有不能仿佛者。
> 以視並世詩人，未遑軒輊；惜乎有志無時，終老林壑，使天假之以奇情壯采，安知不與散原一叟，齊鑣接軫哉！

邵氏序語推許容九先生殊隆，然均不離事實。其後公遂師亦擅詩，所撰《浮海集》正、續編，頗多懷鄉之思。詩意感人肺腑，幾乎字字金玉。故能令同儕傾服，蜚聲一時，蓋傳其尊翁衣鉢也。

容九先生詩作既被邵瑞彭所盛譽，為使讀者有幸欣賞其作品，茲無妨選所撰迴文詩二首作介，以供喜詩者鑑賞。

〈畫意迴文〉其一

株株柳綠覆長堤，岸接斜橋橫水低。
沽客酒錢懸策杖，老農村雨帶鋤犁。
孤帆遠映山頭樹，細草春環樓外溪。
圖畫看來如一一，蕪煙盡處到城西。

西城到處盡煙蕪，一一如來看畫圖。
溪外樓環春草細，樹頭山映遠帆孤。
犁鋤帶雨村農老，杖策懸錢酒客沽。
低水橫橋斜接岸，堤長覆綠柳株株。

〈畫意迴文〉其二

孤雲暮逐鳥飛低，望遠來分西復西。
湖水碧連青草岸，板橋紅到綠楊堤。

蕪煙斷隴高迷路，細雨春花落滿溪。
扶杖一人閒立久，株株樹盡看鴉棲。

棲鴉看盡樹林株，久立閒人一杖扶。
溪滿落花春雨細，路迷高隴斷煙蕪。
堤楊綠到紅橋板，岸草青連碧水湖。
西復西分來遠望，低飛鳥逐暮雲孤。

迴文詩較不易作，細賞《孕雲鼇詩》主人以上寫景詩，刻畫入微，景色如繪。
吾人雖嘗鼎一臠，亦可知其藝術特色與功力不凡矣！

原載《國文天地》第 37 卷第 5 期，2021 年 10 月

二九、涂公遂教授佚文第五篇——
《郭亦園先生詩集》序

　　吾師涂公遂教授（1905～1991）歷歲任教上庠，培育學子，著作等身，貢獻殊鉅。晚年蒐集舊作，編理成《艾廬文史論述》，惜成書倉卒，遺漏尚多，頗可惋也。月前余嘗撰就〈涂公遂教授佚文三篇考述——為拙著《讀書管窺》、《宋詞賞心錄校評》、《李易安集繫年校箋》所撰序〉、〈涂公遂教授佚文第四篇——涂同軌先生《孕雲鰲詩》跋語〉二文，先後發表於臺北《國文天地》第三十七卷第四期（九月號）及同書第三十七卷第五期（十月號），庶備拾遺補闕之工作。近有幸又得摯友孫廣海教授於香港大學馮平山圖書館代借得《郭亦園先生詩集》，其書一九八〇年版行，迄今已四十載矣。書首有涂教授所撰〈《郭亦園先生詩集》序〉，〈序〉用行書寫成，可俾讀者親承手澤，極珍貴也。此〈序〉，《艾廬文史論述》未收，固佚文也。茲謹將涂師〈序〉文墨寶之影本列示，而其釋文亦附上，以便讀者對照賞覽。

釋文：

《郭亦園先生詩集》序

　　己未歲暮，郭亦園翁捐逝調景嶺林賓醫院。其家人不為設奠，朋儔悲痛深切，咸以未獲撫棺一訣為永憾也。於是詩壇摯好相與蒐輯其遺稿，次第刪汰，得詩三百餘首，分上、下編，醵資付梓。取以上慰翁靈，下竭友情者，聊盡於此，可哀也矣！翁，振奇人也。本籍浙江黃巖，早歲有濟世志。曾從政河、洛、淞、滬間，國變後，遯跡港島，不聞時事，獨耽吟詠，結識多詞流碩彥；輕利尚義，溫藹寡

－143－

言；創《香江詩壇》，談藝論文；來復茗坐，風雨不輟。復編《網珠集》及《續集》，選載港、澳、臺、澎，及星、馬、泰、越、印、菲、日、韓，暨歐、美諸國華裔詩人之作，風雅正聲，播揚九宇。當此天荒地變、道衰文敝之時，狂瘂暴戾、豺心鼠性之徒，妄欲舉古先聖哲倫紀、道德典籍文字，一一簒亂毀滅之；幸海裔流人，緣情寫志，宗經美騷，發矇振聵，褒善培惡，使四海之民咸知尊崇華夏，歌頌漢唐，文會詩社，遍土林立，豈非二十餘年來翁之先覺先導之功歟！翁之詩，辭采清新，而意境沈鬱，蓋懸喘夷市、蒿目國艱，運遭否塞，情傷侘傺，故發而為聲，正所以抒其幽憂，洩其積憤。讀翁詩者，當于語外求之而悼之也。余與翁交逾二紀，常唱酬相呴噓，情淡似水，氣暖如雲。翁歿之前數日，尚有見懷余與吳公士選之作，竟成絕筆。今序翁詩，曷勝感慟。

六十九年庚申五月
涂公遂於九龍不慍齋

郭六園先生詩集序

己未歲莫，郭六園翁捐逝，調景嶺林賓醫院，其家人不善殮葬，明儕悲痛深切，咸以未按撫一訣為永憾也，於是詩壇摯好，相與蒐輯其遺稿，次第州沐，浮詩三石，飲首分上下編，釀資付梓，以上歷翁雲下誤友情者，聊盡將此弓。

彙也矣，翁振奇人也，本籍澎江黃巖，早歲有濟世志，曾從政阿游澔滬間，國變後，避跡港島，不閑時事，將耽吟詠、結識多詞派碩彥，輯利志彙溫，蒋寧言，創香江詩壇，談藝論文，來復茗坐，風雨不輟，復編網珠彙集及續集選載港澳台澎及星馬泰越印

案：涂師此〈序〉，詳述亦園先生生平及貢獻，尤高度評價其創辦《香江詩壇》與《網珠集》於天荒地變，道衰文敝之時；〈序〉又謂郭詩能對狂癇暴戾、豺心鼠性之徒施予掊惡數罪；是郭翁具此睿智膽識，殊足令人欽佩。至其詩之辭采清新，意境沈鬱，而於舉目時艱，運遭否塞之際，用以抒其憂鬱，洩其積憤，且能一正世之視聽，判別是非，則其詩之成就，固足接續風雅遺音，上承〈離騷〉衣鉢，蓋其有功於世教，亦可知之矣！

又案：考涂〈序〉首句之「已未歲暮」，蓋指西元一九七九年十二月，此時亦園先生已謝世。至〈序〉末則謂：「翁歿之前數日，尚有見懷余與吳公士選之作，竟成絕筆。」此處之「吳公士選」，乃指吳俊升教授，士選其別字也。有關吳教授之事蹟，今人周家珍編著而由法律出版社刊行之《20 世紀中華人物名字號辭典》，於頁八七三嘗記之曰：

> 吳俊升（1901～2000），江蘇如皋人，曾任國民政府教育部高等教育
> 司司長，北京大學、中央大學等教授。後去臺灣，任臺灣政務次長、
> 政治大學文學院院長、新亞書院校長、新亞研究所所長等職。著有
> 《教育哲學大綱》、《江皋集》、《羲本室》等。字士選。

讀此條文字，是知士選教授固極有勞績於高等教育事業者。又涂〈序〉結處「六十九年庚申五月」一語，則以民國署年，即西元一九八〇年，是涂〈序〉此文

殆撰成於亦園先生辭世之翌年也。

　　涂師之佚文恐尚有若干篇章流傳於世，余當絡繹留意蒐求，續成輯佚工作，祈能答報師恩，用表仰慕之思。

原載《國文天地》第 37 卷第 7 期，2021 年 12 月

三十、涂公遂教授佚文第六篇——
涂教授旅遊美、加時寄余之郵簡一通

　　涂公遂教授（1905～1992），字艾廬，號不蘊齋。自畢業北京大學後，任教大陸、臺灣、香港、新加坡四地上庠數十年。著作既富，培養人材亦至多。

　　涂師上世紀九○年代初辭世，遺留文稿多種。側聞其中有《列子》研究一種，遺稿仍藏其長子涂鯤先生處，迄今未見刊行，殊可惋也。

　　民國學人研治《列子》，好辨其書之真偽，如馬敘倫撰有《列子偽書考》，發表於《古史辨》第四冊；岑仲勉亦有〈列子非晉人偽作〉，見氏所著《兩周文史論叢》。流風所扇，余頗疑涂師之治《列子》，亦有步趨馬、岑二子而考及《列》書真偽者。惜迄今仍未能得其遺稿，細意捧讀矣！

　　涂師佚函亦至夥，留存友朋、弟子家中，因未加佈露，外間幸得觀賞者則稍稀。

　　余親炙涂夫子之教導近三十載，每有所著述，多蒙啟迪。歲次而立，絡繹刊行拙著《讀書管窺》、《宋詞賞心錄校評》、《李清照研究》、《李易安集繫年校箋》四種，皆蒙夫子或題耑、或賜序，每加獎掖；及今憶思，終生難忘。

　　近數年來，余治學路向轉往輯佚，發表相關文章頗富。去年（2020）九月，整理所得，交由臺北花木蘭文化事業有限公司出版則有《碩堂輯佚札叢》一書，收文三十二篇。嗣後仍計劃刊行續編，近日計算所發表相關文章，已有十餘篇。即研究涂師佚文而見載於《國文天地》者，亦有〈涂公遂教授佚文三篇考述——為拙著《讀書管窺》、《宋詞賞心錄校評》、《李易安集繫年校箋》

－147－

所撰序〉（見 2021 年 9 月號）、〈涂公遜教授佚文第四篇——涂同軌先生《孕雲螯詩》跋語〉（見 2021 年 10 月號）、〈涂公遜教授佚文第五篇——《郭亦園先生詩集》序〉（見 2021 年 12 月號）。以上諸文皆屬輯佚而懷念師恩者。

近日家居無俚，檢拾親友書函，不意檢得涂師郵簡一通。閱其所載，乃記涂夫子四十年前與師母同訪美、加之遊踪，此簡可用作他日撰寫恩師年譜之珍貴史料。函中尚有夫子垂詢居港二、三弟子之近狀，足徵師恩深厚、常對弟子垂念有加。

有關介紹涂師此郵簡，擬先將影本列前，釋文附後，繼則撰寫案語，闡述函意，俾便讀者兩相比勘與參酌。

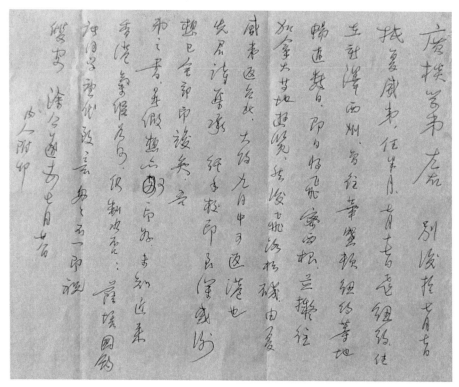

釋文：

廣棪賢弟左右：別後於七月七日抵夏威夷，住半月。七月十七日飛紐約，住在新澤西州，曾往華盛頓、紐約等地暢遊數日，即日將飛密西根，並擬往加拿大等地遊覽，然後飛洛杉磯，由夏威夷返臺北，大約九月中可返港也。

先君詩集承經手校印，至深感謝，想已全部印竣矣！吾　弟之書，

暑假想亦可印好。未知近來香港氣候如何？仍制水否？蔭培、國鈞
諸同學望代致意。匆匆不一。

即祝

雙安　涂公遂頓首　七月廿八日

內人附叩

　案：涂師此函末處祇署月、日，未加作年。考其函中有「吾　弟之書，暑
假想亦可印好」諸語。此處所言之書，乃指拙著《李易安集繫年校箋》。考此
書有涂師撰序，其署年為「（民國）六十八年夏月」，即西元一九七九年，而其
言農曆夏月，應順延至陽曆七月。涂師來函以為拙著於當年暑假應可妥印，惟
該書事後交臺北里仁書局付排，以迄一九八〇年元月三十日始克面世。據此以
推，涂師之函應寫於一九七九年七月廿八日，揣撰此函之時，涂師夫婦正擬出
發密西根州遊賞也。

　又案：涂師函中有「先君詩集」一語，乃指其尊翁涂同軌先生所撰《孕雲
螯詩》，該詩集乃早歲涂師在大陸以線裝印就者。其後書籍贈送將罄，夫子即
擬在香港加印線裝百冊，以分餽臺、港親友，俾留永念。此事涂師命余代為辦
理。詩集印就後，艾廬師加撰跋語，以記世變。故其跋語寫來，情辭哀切，感
人頗深。該文已見載拙著〈涂公遂教授佚文第四篇——涂同軌先生《孕雲螯詩》
跋語〉，茲不再錄。

　另案：涂函又有「蔭培、國鈞諸同學望代致意」之語。蔭培，姓栢；國鈞，
姓蕭。二君皆曾攻讀香港珠海文史研究所碩士班，追隨涂師研學頗久。栢君在
校治范蔚宗《後漢書》，畢業後曾得李璜教授推介，東渡臺灣中央大學中文系
任講師，惟為期甚暫，隨即遄返香港，後未返臺復職，現已病故。蕭君畢業後，
曾留學澳洲大學，攻讀博士學位，鑽研「學術發展與學人、地域之關係」，其
後未完成學業。返香港後，繼續任職中、小學教師。艾廬師對栢、蕭兩君之學
業甚為關注，師弟間感情甚融洽。蕭君今已年邁，惟仍勤奮治學，余經常在書
局購書時與之晤面，見其求書若渴，今人鮮有，殊難能可貴也。

　有關艾廬師之佚著、佚函，珍藏者未加揭載，相信數量仍不少，余當繼續
關注，多方蒐求。倘有所得，定會撰文披露，俾流佈學壇，以發揚恩師之思想
與學術。

　至涂師研究《列子》之遺稿，亦將設法與其公子涂鯤先生聯繫。涂鯤先生
早歲居臺灣新北市永和區，友儕間有知其事，又與之常相交接者，請代為通訊

息，俾能將其尊翁之《列子》未刊稿取出整治，並事以鉛槧，傳之永恆，斯固可資以報父恩、垂永念也。

原載《國文天地》第 37 卷第 9 期，2022 年 2 月

三一、《羅香林論學書札》佚函之五、六
——羅香林〈致錢思亮書〉、錢思亮〈復羅香林書〉

　　恩師羅香林元一教授百歲冥誕，廣東省立中山圖書館、香港大學馮平山圖書館合編《羅香林論學書札》以為紀念。其書蒐羅頗富，然不免仍有未備。余自二〇一八年十二月始，即就此書進行輯佚，蒐得「李滄萍〈與羅香林書〉」、「朱自清〈與羅香林書〉」、「〈羅香林來書〉」、「朱希祖〈致羅香林書〉」凡四通，且先後撰成文章，發表於《國文天地》總第四〇三期、四五期；另發表於《華人文化研究》第七卷第二期、第八卷第一期。上述四文，後且收入拙著《碩堂輯佚札叢》中。

　　月前有就讀臺灣交通大學族群與文化研究所碩士生鄧家洋君來函，函由香港新亞研究所轉致。函中表示欲對恩師羅教授之生平、學術有較深入瞭解，希望能給予指導，余即表示願與交流。日昨，鄧君來電郵，告以曾往中研院近代史研究所調閱羅教授檔案，發現其中有信件與余相關，即用電腦打字記下，並予轉告。信件共兩通，即本文副標題所示之「羅香林〈致錢思亮書〉」與「錢思亮〈復羅香林書〉」也。後經查檢，得知二函均《羅香林論學書札》所未收，固佚函也，乃不勝欣悅。茲謹將首函先行介紹，轉錄如次：

　　　　思亮院長學兄道席：久未晤教，敬維萬福。茲有懇者：珠海書院中
　　　　國歷史研究所博士班研究生門人何廣棪、余偉雄、李德超、曾一民
　　　　四君，勤勉力學，成績極優。茲以撰作研究論文，決於近日申請來
　　　　臺灣，以便蒐集各種有關資料。謹為介紹晉謁，請賜　接見，並准

予至　貴歷史語言研究所傅斯年圖書館及近代史研究所研閱圖書及
檔案，俾得完成其研究計畫，無任感禱。專此奉懇，並請
道安

　　　　　　　　　　　　　　　　　　　弟羅香林敬上

　　　　　　　　　　　　　　　　民國六十六年七月十四日

案：此函署年為一九七七年七月十四日，乃恩師寄與中研院錢思亮院長者。函
乃為余與余偉雄、李德超、曾一民四人作推介，俾能前往史語所傅斯年圖書館
及近史所研閱圖書與檔案。字裡行間充滿恩師對弟子學術研究之關注，極力協
助，使可早日尋得資料，以便撰就博士論文。恩師不幸於一九七七年年底患上
肝病，一九七八年四月二十日遽歸道山。恩師辭世後，轉瞬四十餘載，倘非幸
得鄧君轉致此函，則余迄今仍無緣得讀之也。師恩罔極，其所造福於弟子者，
此生難報矣！

　　以下轉錄第二函「錢思亮〈復羅香林書〉」：

　　香林先生道鑒：七月十四日手教奉悉。珠海書院中國歷史研究所高
　　級班研究生，令高足何廣棪、余偉雄、李德超、曾一民四位先生，
　　以蒐集研究資料，擬於近前來本院歷史語言研究所傅斯年圖書館及
　　近代史研究所就閱有關圖書、檔案一節，遙承　雅囑，敬當如命。
　　弟與史語所所屬所長、近史所王所長同表歡迎。屆時盡量予以協助
　　方便。知關　錦注，專此奉覆，祇頌
　　道祺

　　　　　　　　　　　　　　　　　　　錢思亮（親署）

　　　　　　　　　　　　　　　　一九七七年七月二十三日

又案：考錢院長復函，僅隔十天即寄出，由其處事之殷勤，推見羅、錢二氏情
誼之深厚。恩師羅教授（1907～1978）於一九二六年秋入讀清華大學史學系，
一九三〇年畢業；錢院長（1908～1983）一九二七年考入清華大學化學系，一
九三一年畢業。二人乃屬清華同門，故恩師致函錢氏，函首即以「學兄」相稱，
可見二人學術淵源。至錢氏復函用語客套，禮儀周備，對余與同門之請求多予
方便。倘非恩師之函介，則其後諸事之進行，恐未能如斯之順遂也。

　　余是次為恩師書札作輯佚，眨眼間多獲二佚文，得來全不費工夫，實有荷
鄧家洋君之臂助。內心無限感激，茲特於文末謹致謝忱。

　　　　　　　　　原載《國文天地》第 36 卷第 11 期，2021 年 4 月

附錄：何廣棪教授訪談錄

林慶彰採訪
中央研究院中國文哲研究所研究員

毛祥年整理
臺北大學古典文獻與民俗藝術研究所碩士生

　　何廣棪教授，字碩堂，號弘齋。香港新亞研究所文學博士。受聘於臺灣華
梵大學東方人文思想研究所教授，後曾兼所長，留臺凡十六年。退休後返香
江，仍出任香港樹仁大學、新亞研究所教授、香港大學饒宗頤學術館客座高級
研究員。著述頗富，以鑽研李清照、陳振孫成績最顯著而具盛名，甚受兩岸三
地學人注目與讚揚。著有《李易安集繫年校箋》、《陳振孫之生平及其著述研
究》、《楊樹達先生甲骨文論著編年目錄》、《碩堂文存（一、二、三、四、五、
六編）》、《何廣棪論學雜著》（以下稱《雜著》）等。

一、學習歷程

　　廣棪師，越南華僑，現為華梵大學東方人文思想研究所退休教授。光緒年
間，其祖父何炳公即移居越南堤岸（今胡志明市西南部）。中學念的是法語學
校，高中前均是在越南當地受教育，以第一名畢業於遠東中學（Lycéem
d'extrême orient），畢業證書所寫成績等級為 Assez bien（相當優異）。訪談間，
廣棪師自謙說法文沒有以前好，看法語版的漢學文章也要多查字典。之後到
香港，在香港念的大學是德明學院中文系，此學院乃是紀念國父孫中山先生
（國父譜名為德明）而倡辦，後來因臺灣民進黨執政，該校被迫停辦。畢業
後，再到珠海大學讀碩士班，而「珠海大學」在當時尚未得香港當局承認，故
僅稱學院。

　　大學時期，陳湛銓先生（1916～1986，廣東新會人）為系主任，講《易

經》、先秦文學、汪中文等。其治學方法與路向影響廣棪師極大，如考據、詩賦、文字學方面的訓練。湛銓先生對學生很用心，教學認真，廣棪師深受其影響，故日後亦以湛銓先生風範教學，並培訓弟子。另有蘇文擢先生，主講《論》、《孟》。陳荊鴻先生，主講明清文學，廣東學術，也主講詩詞。嵇哲先生，則主講詞曲，《文心雕龍》、先秦諸子。大學畢業時，以李清照撰寫畢業論文。由當時的系主任（陳荊鴻教授）評鑑，獲得高分，並以第一名畢業，從而也打下研究基礎。

進入珠海大學中文所後，導師有羅元一（香林）先生（1906～1978），廣東興寧縣人，珠海中文所為其創立，廣棪師受其影響甚大。其時羅先生由香港大學退休，即入珠海創辦研究所。針對近、當代發現史料作講述，如甲骨文、敦煌文獻等，此對廣棪師研究文獻學方面，影響極大。例如廣棪師說自己作文獻學研究的過程中，認為章學誠的《文史通義》、《校讎通義》中的校讎及史學理論，可為一代開山之作。但因每個人研究取向不同，故對古人評價也就不同了，此即受羅先生影響。不僅近當代史料，中國族譜學亦為羅先生所肇基，其《中國族譜研究》即為中國族譜學開山之作。此外亦有對香港史的研究，如《1842年鴉片戰爭前之香港》，亦為研究香港前期史的重要著作。

珠海文史研究所之教授另有李璜（1895～1991，字幼椿），四川成都人，早期留學法國，後到香港，再到臺灣。中國青年黨的創始人之一，為當時臺灣的第三勢力，後被蔣經國總統聘為資政。主講西洋史學、歐美漢學。王懷冰（1904～1999），名韶生，著有《懷冰室文學論集》、《懷冰室集》等。（《雜著》，頁483～486有此二集之跋及序），主講文學，廣棪師碩士論文研究李清照，故請王先生為指導教授，寫了《李清照研究》，對清照生平、詩、詞、賦、詞論等，做了全面的研究。（《雜著》，頁213～216有〈《李清照研究》自序〉）

一九七四年碩士班第一名畢業後，除獲得教育部學位證書外，另獲珠海研究所頒發榮譽學位證書。其後在羅元一先生推薦下，留任珠海大學中文系講師，後並推介進入香港大學亞洲研究中心，參與與美國鹽湖城家譜學會合作蒐集族譜之工作，直到一九七八年羅先生逝世才離職。一九八一年以《李易安集繫年校箋》（《雜著》，頁217～218有〈《李易安集繫年校箋》自序與例言〉）升等副教授。一九七五～一九八一年在珠海大學、清華學院教學，一九八一～一九九三年轉至樹仁學院教學。一九八八～一九九二年入新亞研究所讀博士班，當時王懷冰先生亦在新亞兼課，故何師持續追隨作研究，以研究陳振孫

獲博士學位。（《雜著》，頁 487～489）一九九三年後，由香江赴寶島，任教華梵大學東方人文思想研究所，直至二○○九年退休。

廣棪師回憶，在亞洲研究中心時，饒宗頤（字固庵，有《饒宗頤二十世紀學術文集》等）教授正在港大教書。由於得饒教授賞識乃追隨遊學，兩人常相品茗，品評古今學人。一次饒教授對廣棪師說，王國維學問很大，而我亦接近其境界，有些方面且超越王氏。例如書法方面，我各體皆工，王氏大不如我；而繪畫，我山水、人物、花卉、佛像，皆具其造詣；音樂方面，我又雅擅古琴，並能寫音律研究方面的文章，這些都是王國維先生比不上的。因饒氏視廣棪師為心腹，為弟子，故二人乃能開誠布公，吐露胸臆，率性而言，兩人已到無話不談的地步了。

在新亞研究所就讀博士班時，全漢昇（1912～2001，廣東順德人）為所長，專長研究中國經濟史；嚴耕望（1916～1996，安徽桐城縣人）為教務長，主講史學與史學理論；牟宗三（1909～1995，湖北公安縣人）主講哲學。新亞畢業生人才輩出，如余英時、何佑森（1931～2008）、余炳權等，而余英時為第一屆畢業生。由於當時新亞研究所與哈佛有交換學生，余先生經錢穆所長推薦至哈佛。廣棪師為第八屆的博士班生，自謙學問不比學長好，但總要力爭上游，盼望可為後起之秀。

二、研究著作成果

廣棪師的研究成果，主要有四個部分：一是李清照的研究，二是陳振孫的研究，三是《詩品》的研究，四是當代學人的研究。

在珠海大學中文所時，由王懷冰先生指導，延續大學畢業論文的課題，寫了《李清照研究》。《李清照研究》，主要在對李清照做集大成的工作。一般研究李清照，主要在詞的部分，而廣棪師則遍及其詩、文、賦、詞論，做了更深一層的探討。例如敘述行實，評其作品並考證作品之真偽，或對〈詞論〉之探討，或論其與趙明誠《金石錄》，或作其作品繫年，並稽考李《集》之版本。畢業後，再寫兩本書加以補充，一是《李易安集繫年校箋》，該書分「正編」、「副編」、「附錄」三部分，不僅蒐羅現有之作品，也收入存疑之作，對每一作品嚴加考證，並為繫年，又作校與箋的工作。附錄分「校記」、「繫年」、「評箋」等三項，明訛誤、別真偽、採故實，以備參考。一是《李清照改嫁問題資料彙編》，李清照改嫁問題，明清以來眾說紛紜，故廣棪師編此資料，從史學的角

度來探討李清照改嫁，由於暫無定論，故以此角度編理成書，還原其歷史面貌，故此書重點在提供資料，以期他日進一步研究，能得出定論。廣棪師根據與李清照同時人的記載，均言清照改嫁，故亦持此改嫁之論。

由於廣棪師在大學時代就開始對中國古典文獻有興趣，買的也多為書目類的書。當時大陸有整理《直齋書錄解題》的校點本出版，故即據之以為博論的研究。民國學人研究陳振孫《直齋書錄解題》，導夫先路者有陳樂素（1902～1990，廣東新會縣人，歷史學家陳垣長子），陳氏研究《書錄解題》的文章有兩篇，其〈直齋書錄解題作者陳振孫〉即由陳垣指導，分「本名」、「述作」、「年歷」、「言行」四項來詳考直齋生平與學術。喬衍琯（1929～2009）則有《陳振孫學記》與相關論文。廣棪師經過多年的追蹤，對陳振孫生平研究的探索，到了前人尚未觸及的部分（如《雜著》中有〈近年來有關陳振孫及其著述研究之新探索〉等文），在研究過程中，還因此找到陳振孫佚文兩篇，為研究素材提供新資料。然而主要研究仍在《書錄解題》上，故較為矜慎嚴謹。南京大學文學院武秀成教授在其《陳振孫評傳》中，引用廣棪師博士論文資料多達二十餘條，可見其研究成果得到當代同行的認同。後來饒宗頤先生建議廣棪師對《書錄解題》作全書考證。《書錄解題》分經、史、子、集四錄，廣棪師均分別做了考證，後由花木蘭出版社出版，全書共十四冊，六百多萬字。該書撰自一九八九年，成於二〇〇九年，費時二十年，對陳振孫做了全面的整理與研究。不僅解決了許多問題，更開發了新問題，在學術研究上實有較大的成就。

在碩士班期間，廣棪師本想研究《詩品》的課題，故寫了〈中日歷代書目有關鍾嶸《詩品》之著錄〉（《書目季刊》第 19 卷第 2 期，現收入《雜著》，頁 97～110）〈鍾嶸《詩品》諸家評論資料類輯——〈詩品序〉之部〉（《書目季刊》第 21 卷第 1 期。現收入《雜著》，頁 111～124）、〈鍾嶸《詩品》諸家評論資料類輯——《詩品》上品之部〉（《書目季刊》第 21 卷第 2 期，現收入《雜著》，頁 125～140）、〈鍾嶸《詩品》研究論文目錄〉（《書目季刊》第 14 卷第 3 期，1980 年 12 月，頁 47～53。現收入《雜著》，頁 141～148）等文，並纂有《鍾嶸《詩品》研究資料彙編》，分「歷代書目有關鍾嶸《詩品》之著錄」、「有關鍾嶸《詩品》之諸家評論」等部分。因為研究《詩品》而認識了當時在新加坡任教職，且為研究《詩品》大家的王叔岷教授。當時廣棪師研究《詩品》時，有些文章收不到，寫信向王教授請教，王教授很樂意幫助，寫信回復，將自己

所撰《詩品》研究之資料，提供給廣棪師。廣棪師後來寫李清照的書，也送給王教授，以表感謝之意，而王教授也寫信回復，褒揚廣棪師在研究上的貢獻，可以說是藝林的一段佳話。

因為對當代文獻的注意，故進而對當代學人進行研究（如楊樹達、陳寅恪、楊筠如等）。對當代文獻的注意，主要是受到了陳湛銓先生的影響，由於教廣棪師文字、聲韻、訓詁，而廣棪師進而對楊樹達（室號積微居）相當敬佩，楊先生乃研究古文字學的專家。由於楊樹達的書散佚在各處，故何師發願收集其著作並整編成書，於是寫了〈家藏楊遇夫先生著作目錄〉（現收入《雜著》，頁 451～452），來介紹自己所收藏的楊先生的作品，不僅介紹，更表示希望能將楊氏著作彙理成集。後又有〈楊樹達古書句讀釋例之版本〉、《楊樹達先生甲骨文論著編年目錄》及〈楊樹達先生遺詩述釋〉等文，足見廣棪師對楊樹達先生仰止之忱。楊先生在清華大學教書時，魯實先先生（1913～1977）在民國二十九年將自己所寫的《史記會注考證駁議》寄給楊先生，楊先生看後認為魯著「超越前儒，古今獨步」，乃為他寫了長序，之後又介紹魯先生到復旦大學中文系教書。魯先生撰〈積微居叢書引言〉，其中有「實先過承獎掖，因得備位上庠」云云，就是記述這段提拔之情。民國五十九年，廣棪師讀了魯先生〈積微居叢書引言〉，以魯氏亦整治楊氏書頗有「吾道不孤」之感，遂將《讀書管窺》、《楊樹達先生甲骨文論著編年目錄》寄給魯先生。廣棪師並託當時在新亞研究所任教的徐復觀先生（1904～1982，字佛觀）將楊著《鹽鐵論要釋》、《古書句讀釋例》兩書送給魯先生，魯先生往生後，廣棪師也將此事寫成悼念文章，以為紀念。（〈懷念魯實先教授——並記魯教授與我的一段翰墨因緣〉，現收入《雜著》，頁 551～558。）

廣棪師研究王國維，注意到王先生當時在清華國學研究院教書，指導的學生有楊筠如（1903～1946）。由於為中研院文哲所編纂《民國時期經學叢書》撰寫文章的關係，廣棪師擬寫有關楊筠如的研究。但翻查許多人名辭典及相關書籍、工具書，如孫彩霞編《民國人物碑傳集》、唐文權《民國人物碑傳集》、劉紹唐《民國人物小傳》等，或者大陸整理的《中國歷代人名大辭典》、《歷代名人年里碑傳總表》、《中國當代古籍整理研究學者名錄》、《中國近現代人物名號大辭典》、《民國人物大辭典》等，竟無楊筠如之條目，故發願研究此人，於是寫成〈經史學家楊筠如事迹繫年〉。用繫年法，將所得楊先生事跡，排比而整治之，以供後世研究者參考。

何廣棪教授

　　另外，在廣棪師《碩堂文存》、《雜著》中，有許多關於陳寅恪先生的研究文章，可見何師對寅恪先生也下了不少功夫。（如《雜著》有〈陳寅恪教授與中國俗文學研究〉，論陳氏對變文、彈詞之研究，〈陳寅恪先生遺詩述釋〉，廣棪師將所得陳先生遺詩三十五首作闡述，〈陳寅恪先生事蹟及其著作拾遺〉，文中談及陳先生早年師事王瀣，而其弟陳方恪亦擅倚聲、後對陳先生論著目錄作斠補。〈《陳寅恪先生論文集補編》出版緣起〉一書，是為陳先生之文章作拾遺補缺，以供研究者參考）廣棪師認為，陳先生的任何一本著作，即可寫成一篇博士論文。陳先生的所有著作，廣棪師都勤讀過多遍，如《柳如是別傳》，全書八十餘萬字，何師讀了兩遍，可以說對陳先生的學問研究下的功夫極深。

三、對港臺之學術研究環境的看法

　　廣棪師在大學時期受陳湛銓先生的影響，其後受羅香林、饒宗頤兩位教授的薰陶，故在教學中，時常以「認真教學，愛護學生」的理念來教書。目的是要將學生的事情，當作自己的事情，如指導學生的論文，必將一字一字的看、一字一字的改，且增刪的過程不僅一次，由此可見廣棪師對學生的負責以及用心。在求學的過程中，受過許多師長的薰陶，於是對上課的品質要求很高，務求每位學生都能在課堂中將老師的治學菁華吸收，並期應用到研究當中去。故在講臺上，甚具魅力，學生自然也專心聽講。在這點上，廣棪師認為，港臺學

生基本上均無大差別，都多是很好學且認真用功的。

　　以廣棪師的研究路數及範圍來說，在臺灣比在香港較為方便，例如可請研究生到各大圖書館代查詢資料、處理文書等等。故能讓廣棪師在臺灣十六年，將研究陳振孫全部著作撰就並出版，就是因臺灣在資料上的取得較為方便，學術研究環境比香港佔優勢。

　　香港學者大多懂現代及古代漢語，普遍上小學的工夫都很好。而在臺灣來說，現代與古代的漢語，則切割得頗為明顯，無法兼通二者。不僅如此，香港學者英文水準較好，故可做國外漢學家的研究，如對李雅各（James Legge）、高本漢（Klas Bernhard Johannes Karlgr）、英國威利（Arthur David Waley）等人的研究，或翻譯，或糾正他們翻譯上的錯誤等等。在此部分，臺灣的學者就比香港稍弱一些。如黃六平先生（筆名向夏、夏平、虞羽等）有《漢語文言語法綱要》、《急就集》等著作。其學生李家樹教授研究《詩經》，有《傳統以外的詩經學》，又有幾本有關漢語詞彙研究的書籍，如《漢語詞彙講話》、《漢字的演變和發展趨向》、《漢語語法專題研究》等書。然而目前臺灣對漢語研究較少，且多不開設此類課程。

四、後記

　　筆者雖未有親炙何廣棪教授，然而在林慶彰先生的指引下，整理了訪問何廣棪先生的資料，並得讀其《論學雜著》以整理出這篇文章。《孟子》云：「頌其詩，讀其書，不知其人可乎？是以論其世也，是尚友也。」因兩者雙管齊下，使筆者對廣棪教授的認識較為全面。此乃知人論世之學，故筆者自可視為何廣棪教授之私淑弟子。由廣棪師的學習歷程、研究著作成果來看，除了可以知道廣棪師在學術這條路上的點點滴滴，更可以約略窺出在上一個世紀的知識份子如何追求學問、如何不吝惜自身藏書、自身學術研究，以提供並成就他人，視學術乃天下之公器。上述種種，均是我輩學習之楷模。

原載《國文天地》第 28 卷第 2 期，2012 年 7 月